Le plan détente

Direction artistique : Penny Stock
Recherche iconographique : Elena Goodinson

Catalogage avant publication
de la Bibliothèque nationale du Canada

MacEoin, Beth

Le plan détente : bien-être, santé, sérénité

Traduction de : The total de-stress plan.

1. Gestion du stress.   2. Bien-être.   3. Santé.
4. Tranquillité d'esprit.   I. Titre.

RA785.M3214   2003   155.9'042   C2003-940419-6

Dépôt légal : 1er trimestre 2003
Bibliothèque nationale du Québec

ISBN 2-7619-1779-0

DISTRIBUTEURS EXCLUSIFS :

• Pour le Canada
et les États-Unis :
MESSAGERIES ADP*
955, rue Amherst
Montréal, Québec
H2L 3K4
Tél. : (514) 523-1182
Télécopieur : (514) 939-0406
* Filiale de Sogides ltée

• Pour la France et les autres pays :
VIVENDI UNIVERSAL PUBLISHING SERVICES
Immeuble Paryseine, 3, Allée de la Seine
94854 Ivry Cedex
Tél. : 01 49 59 11 89/91
Télécopieur : 01 49 59 11 96
Commandes :   Tél. : 02 38 32 71 00
                  Télécopieur : 02 38 32 71 28

• Pour la Suisse :
VIVENDI UNIVERSAL PUBLISHING SERVICES SUISSE
Case postale 69 - 1701 Fribourg - Suisse
Tél. : (41-26) 460-80-60
Télécopieur : (41-26) 460-80-68
Internet : www.havas.ch
Email : office@havas.ch
DISTRIBUTION : OLF SA
Z.I. 3, Corminbœuf
Case postale 1061
CH-1701 FRIBOURG
Commandes :   Tél. : (41-26) 467-53-33
                  Télécopieur : (41-26) 467-54-66
                  Email : commande@olf.ch

• Pour la Belgique et le Luxembourg :
VIVENDI UNIVERSAL PUBLISHING SERVICES BENELUX
Boulevard de l'Europe 117
B-1301 Wavre
Tél. : (010) 42-03-20
Télécopieur : (010) 41-20-24
http://www.vups.be
Email : info@vups.be

Pour en savoir davantage sur nos publications,
visitez notre site : **www.edhomme.com**
Autres sites à visiter : www.edjour.com • www.edtypo.com
www.edvlb.com • www.edhexagone.com • www.edutilis.com

Gouvernement du Québec – Programme de crédit d'impôt pour l'édition de livres – Gestion SODEC.

L'Éditeur bénéficie du soutien de la Société de développement des entreprises culturelles du Québec pour son programme d'édition.

Nous reconnaissons l'aide financière du gouvernement du Canada par l'entremise du Programme d'aide au développement de l'industrie de l'édition (PADIÉ) pour nos activités d'édition.

Beth MacEoin

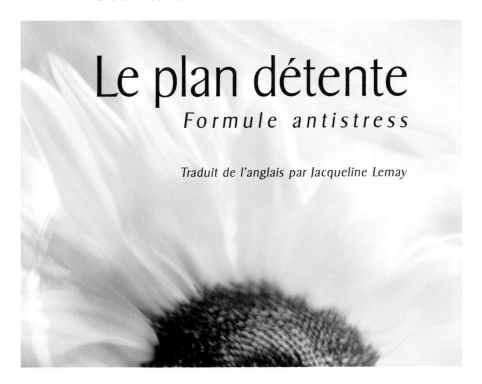

Le plan détente
Formule antistress

Traduit de l'anglais par Jacqueline Lemay

Table des matières

Introduction **7**

1 Le bon et la brute : la double nature
du stress **11**

2 Sous pression : les effets négatifs du stress
sur l'esprit, les émotions et le corps **17**

3 Trouver le calme : relaxer son corps,
apaiser son esprit **27**

4 Se nourrir : le plan alimentaire
antistress **55**

5 Se régénérer : faire de l'exercice pour se
détendre et recouvrer une santé optimale **73**

6 Se dorloter : dissiper le stress en mettant le
corps aux petits soins **83**

7 Retrouver l'équilibre : des solutions
alternatives efficaces aux symptômes
de stress **99**

Lectures recommandées **124**

Index **125**

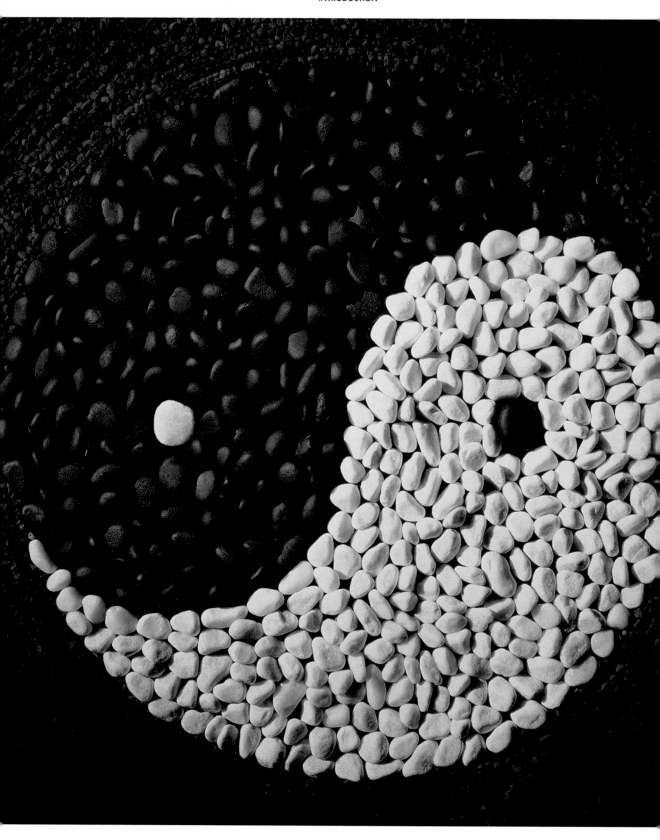

Introduction

Nous sommes continuellement aux prises avec le stress. Comment nous en accommodons-nous? Voilà toute la question. Aborder le stress de manière positive ou négative dépend de plusieurs facteurs, qui vont de notre capacité à récupérer jusqu'à la qualité de notre vie professionnelle. Il semble que nous ayons tous une opinion bien arrêtée sur le sujet: pour les uns, le stress n'affecte que les être faibles, tandis que les autres le considèrent comme l'un des aspects les plus négatifs de la vie moderne. Une chose est sûre, on ne peut l'ignorer.

Puisque le stress est là pour rester, autant explorer les moyens pratiques de l'apprivoiser et de l'utiliser à notre avantage. En nous servant de sa force créatrice, nous pouvons faire du stress un stimulant dans les activités qui nous demandent d'être au meilleur de nos capacités physiques et psychiques. En identifiant et en utilisant les outils pratiques pour le contrôler et nous relaxer, nous nous assurerons d'arriver à nous détendre.

À gauche: **LE SYMBOLE YIN YANG INDIQUE L'ÉTAT OPTIMAL D'ÉQUILIBRE DONT NOTRE MODE DE VIE DEVRAIT ÊTRE EMPREINT.**

En instaurant consciemment cet équilibre de base dans notre vie, nous découvrirons de quelle manière nous pouvons être les maîtres du stress et non ses esclaves. Une fois ces mécanismes de contrôle bien en main, nous allons découvrir avec enchantement que nous sommes plus stables émotionnellement, de plus en plus productifs et éveillés psychiquement, de même qu'en meilleure condition physique. Tout simplement parce que notre manière de réagir au stress influence profondément les différents aspects de notre vie. Aussi, pour être réussie, toute tentative de contrôle du stress doit-elle être envisagée dans une perspective holistique.

Faites travailler les techniques antistress

Chacun pourra utiliser ce livre à son gré. Il y a peu de chances, en effet, que deux lecteurs en tirent des bénéfices identiques, et c'est bien ainsi. Chacun de nous étant unique, le principe de base commun à toutes les médecines douces suggère que tout conseil médical devrait être adapté judicieusement à l'ensemble des caractéristiques émotionnelles et psychiques de l'individu. Cela vaut autant pour ce livre que pour toute consultation en médecine alternative. Les conseils qu'on trouve ici ont pour but de procurer à chaque lecteur un plan d'action qui lui soit propre et qui lui permette de composer avec le stress, que celui-ci soit de nature psychique, émotionnelle ou physique (ou une malheureuse combinaison des trois à la fois). Si nous appliquons les principes exposés dans les pages qui suivent, nous serons étonnés des multiples bienfaits dont jouira notre santé sur tous les plans. Ce programme nous incite, doucement mais fermement, à apporter dans notre vie les changements positifs dont nous avions besoin depuis longtemps, mais que nous remettions sans cesse à plus tard.

Plusieurs de ceux qui se sentent tendus et épuisés pourraient en déduire qu'une révision radicale de leur état de santé et de leur mode de vie est nécessaire; ils éprouvent des problèmes de sommeil, des maux de tête constants, n'ont aucun plaisir à manger ou souffrent d'infections mineures à répétition. Si ces désagréments ressemblent à votre condition présente, faites-vous un point d'honneur de lire ce livre en entier. En suivant les principes de base du plan détente, vous pourrez mettre en place des assises solides qui non seulement vous aideront à vous relaxer et à décompresser, mais hausseront votre niveau d'énergie, vous procureront un sommeil réparateur et renforceront vos défenses naturelles, de sorte que vos infections récurrentes ne seront plus bientôt qu'un vague et lointain souvenir.

En revanche, ceux qui ont adopté un style de vie relativement sain et équilibré, mais qui souhaiteraient travailler sur des points jusque-là négligés — tels

l'exercice, l'alimentation ou la relaxation — peuvent choisir d'aller directement aux chapitres qui traitent de ces sujets et se mettre à l'œuvre immédiatement. Le deuxième chapitre vous sera utile pour identifier la nature et la sévérité de votre stress.

Ce livre se veut accessible à tous, et chaque chapitre peut être lu indépendamment des autres, comme une section complète en soi. Néanmoins, le propos suit un ordre logique : nous commencerons par tenter de comprendre les effets négatifs d'un stress non contrôlé sur notre esprit et nos émotions, puis nous passerons aux moyens pratiques de traiter les problèmes physiques qui résultent directement d'un stress excessif trop longtemps ignoré.

Rassurez-vous, *Le plan détente* a été conçu pour éviter toute approche punitive, draconienne ou impossible à intégrer dans votre vie professionnelle. Du reste, ce programme propose quantité de petits soins destinés à quiconque aime prendre le temps de se dorloter.

Plus important encore, une fois que vous commencerez à ressentir les multiples bienfaits d'un mode de vie plus équilibré, il est probable que vous ne voudrez plus démordre de ses principes de base, qui seront devenus comme une seconde nature pour vous. Quelles que soient vos raisons de lire ce livre, quels que soient vos objectifs, je vous souhaite la meilleure santé possible tout au long de votre cheminement.

À droite: **Pour bénéficier au maximum du plan détente, prenez le temps de bien évaluer vos besoins particuliers.**

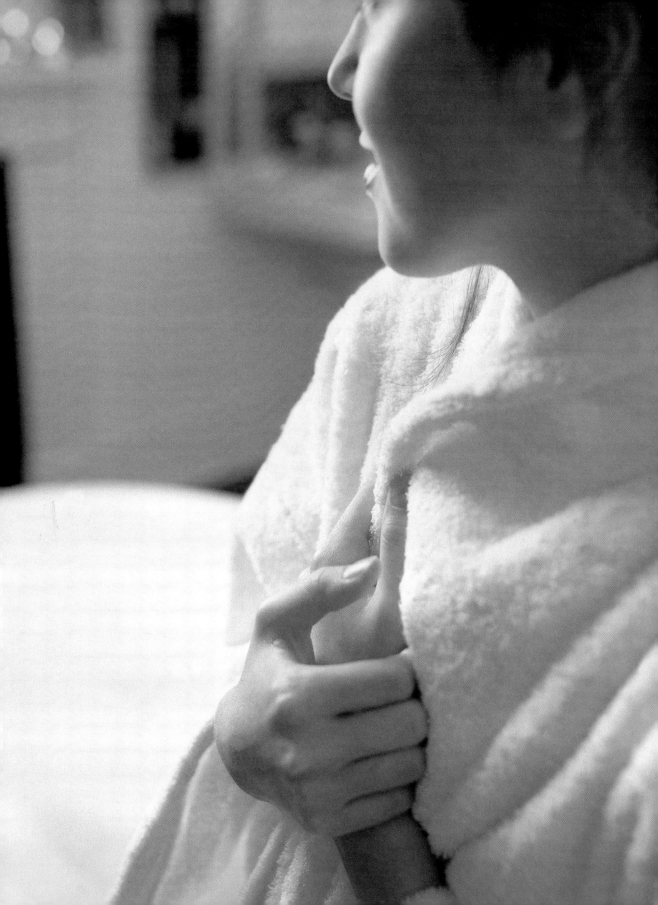

1

Le bon et la brute : la double nature du stress

Le stress : un ami ou un ennemi ?

IL EST EXACT D'AFFIRMER QUE LE STRESS DES UNS EST LE STIMULANT DES AUTRES. PAR CONSÉQUENT, CE QUI S'AVÈRE REDOUTABLE POUR UN INDIVIDU PEUT PROCURER À UN AUTRE UNE VITALITÉ ACCRUE ET LE POUSSER À SE SURPASSER TOUT EN LUI DONNANT L'IMPRESSION DE SE SENTIR PLUS VIVANT.

Cela est dû au fait que le stress se présente sous des formes étonnamment variées : faire face à une échéance, parler en public, se disputer avec un proche, attraper une maladie, déménager, vivre une impasse financière, donner naissance à un enfant, mettre fin à une relation amoureuse, tomber amoureux, partir en vacances ou commencer un nouvel emploi.

Chose surprenante, quelques-unes de ces expériences sont exaltantes et très agréables ; c'est le genre d'événements que nous souhaiterions voir se produire dans notre vie, comme tomber amoureux ou occuper une nouvelle fonction offrant d'intéressantes perspectives d'avenir. Après tout, ne sommes-nous pas portés à

À gauche : UNE VIE HEUREUSE ET EN SANTÉ DÉPEND DE L'ÉQUILIBRE ENTRE LE STRESS POSITIF ET LE STRESS NÉGATIF.
À droite : LES EXPÉRIENCES DE BONHEUR INSOUCIANT ET LE PLAISIR PEUVENT ÊTRE DE PUISSANTS ALLIÉS DANS LA LUTTE CONTRE LE STRESS NÉGATIF.

À gauche : **ÊTRE COINCÉ DANS UN BOUCHON DE CIRCULATION EST PÉNIBLE ET PEUT CONTRIBUER À AUGMENTER LE STRESS NÉGATIF.**

croire que le stress ne peut être lié qu'à des événements négatifs ?

La nature du stress est complexe et fascinante, comme nous allons le voir. Les réactions au stress qui se multiplient lorsque nous sommes sous pression exigent une adaptation à une situation qui ne nous est pas familière ou qui s'est modifiée : selon notre capacité de composer avec le stress, nous jugeons qu'une situation est menaçante ou agréable. Cette perception dépend largement de notre capacité d'adaptation et de notre disposition au changement. En conséquence, il est bon d'aménager en soi une zone d'assurance et de bien-être qui nous permette de réagir et de nous adapter aux événements stressants au fur et à mesure qu'ils surviennent. Le premier pas à faire pour y parvenir est d'explorer et de bien comprendre les différences qui existent entre le stress positif et le stress négatif.

Vos nuits avec l'ennemi : apprivoiser le stress négatif

Il se peut que le scénario qui suit, ou l'une de ses variantes, ne vous soit que trop familier. Un soir, après une journée de travail épuisante, vous êtes rentré tard après avoir ingurgité pas mal d'alcool sur un estomac vide et vous êtes rentré à la maison au milieu de la nuit, un peu éméché. Évidemment, le lendemain matin, vous avez « passé tout droit » et vous vous êtes précipité au bureau dans une humeur maussade, encore endormi et mal préparé pour faire face aux exigences de la journée. Vous avez avalé un ou deux analgésiques pour régler son compte à un mal de tête envahissant et tenace, sans prendre le temps de boire de l'eau pour contrer la déshydratation, ce qui a empiré la situation.

Parce que vous êtes parti plus tard qu'à l'habitude vous avez été bloqué dans un bouchon de circulation qui aurait pu être évité si vous étiez parti plus tôt. Comme vous êtes arrivé au travail en vous traînant les pieds, il est probable que vous avez été plus irritable qu'à l'habitude, affichant un air rébarbatif et bourru. Au milieu de l'avant-midi, pour vous donner de l'énergie avant une importante réunion, vous avez bu un café bien fort et, en passant – pourquoi pas ? – vous avez mangé une tablette de

chocolat. Une fois l'effet de ce remontant temporaire passé (beaucoup plus rapidement que prévu), le mal de tête a repris de plus belle et vous concentrer à quelque intensité que ce soit est devenu un défi insurmontable. Aussi, quand est venu le moment d'apporter votre contribution à la réunion, vous vous êtes senti tout à fait dépassé.

À l'heure du lunch, vous n'aviez qu'un projet en tête : rentrer à la maison et dormir. Au lieu de cela, et parce que vous vous sentiez tellement misérable, vous avez choisi une nourriture compensatoire : croustilles, sandwich au bacon et tablette de chocolat, ce qui ne vous aura servi qu'à vous sentir malade et encore plus frustré. De retour au bureau de peine et de misère, parce que cette journée était décidément infernale, vous avez rabroué quiconque osait vous approcher. Parfaitement conscient de ce qui se passait, vous n'attendiez plus que le moment de rentrer à la maison et de tout oublier. De recommencer à neuf.

En franchissant le pas de la porte, vous avez eu l'image du désordre laissé derrière vous le matin et des tâches qui vous attendaient. Vous auriez souhaité être transporté comme par magie dans un lieu parfumé, propre et ordonné, où il y avait un réfrigérateur bien rempli et où régnait une atmosphère feutrée par la musique douce de votre disque préféré.

Aussi excessif que puisse sembler le scénario, en y mettant un peu d'honnêteté, nous nous reconnaissons probablement dans l'une ou l'autre de ces situations douloureuses. Cette description d'une journée infernale a pour but de démontrer de quelle manière plusieurs de ces facteurs stressants auraient pu être évités, sinon considérablement atténués, si nous avions réagi autrement. Il s'agit d'un exemple concret montrant que le stress peut être contrôlé en étant mieux canalisé et devenir davantage une bénédiction qu'un fardeau, pour peu que nous y soyons préparés. À tel point que nous en viendrons à apprécier un fait essentiel, à savoir que le stress en soi est neutre et que c'est la façon dont on réagit à ses manifestations qui en détermine l'influence négative ou positive.

Ne rien brusquer : faire du stress positif un ami et un allié

En reprenant l'exemple de cette journée infernale dans une perspective quelque peu modifiée, nous pouvons constater d'ores et déjà à quel point le stress est neutre en soi, le négatif et le positif y étant potentiellement présents.

Atteindre l'équilibre et le maintenir

Conscient qu'une importante réunion est prévue pour le lendemain, réunion pour laquelle il nous faudra être en bonne forme, nous repoussons à la fin de semaine cette invitation informelle à sortir, attendant le moment où nous pourrons nous amuser sans contraintes et sans penser au lendemain.

Après le travail, nous rentrons tôt à la maison afin de pouvoir nous tremper dans un bain parfumé aux huiles essentielles, ce qui va nous requinquer et nous disposer pour la soirée qui vient. Après le repas, nous sommes suffisamment détendus pour remettre à jour le travail à présenter durant l'importante réunion du lendemain. Toutefois, afin de pouvoir nous en détacher et jouir d'un profond sommeil, nous résistons à la tentation de travailler jusqu'au petit matin.

Le lendemain, détendus et l'esprit reposé, même bloqués par un bouchon de circulation nous ne perdons pas patience pour autant. Au contraire, positifs et maîtres de nous-mêmes, nous profitons du ralentissement de la circulation pour écouter ce disque que nous aimons et qui nous fait toujours du bien. Une fois au bureau, nous dégustons un bon thé vert qui nous éclaircit les idées et nous donne de l'énergie pour entamer la journée.

Quand vient le temps de la réunion au milieu de l'avant-midi, nous sommes en possession de tous nos moyens et participons aux discussions avec énergie et efficacité. Comme tout se passe mieux que prévu, à l'heure du lunch, nous nous sentons merveilleusement bien. Aussi, à table, nous choisissons des aliments sains : un petit pain de blé entier et une salade, suivis d'une généreuse portion de fruits frais, le tout accompagné d'une eau minérale et d'une rondelle de citron. Pour terminer, nous pouvons nous accorder un bon café parce que le début de cette journée ne comporte que des gestes positifs et des choix sains.

Dans les heures qui suivent, parce que nous sommes détendus et sûrs de nous, nos collègues nous trouvent d'un abord agréable, ce qui agrémente l'atmosphère du bureau. De retour à la maison, nous voilà fin prêts pour un bain relaxant, un verre de vin — un seul, bien entendu ! — et une ou deux heures de répit pour regarder notre vidéocassette préférée.

À gauche : **SE PRÉLASSER LONGUEMENT DANS UN BAIN CHAUD EST UNE MERVEILLEUSE FAÇON DE CRÉER UN ÉTAT DE RELAXATION.**

Il en va du stress comme de beaucoup d'autres situations déstabilisantes : nous visons essentiellement à y faire face en conservant un équilibre optimal. Une fois que cet état idéal est bien identifié, nous devrions découvrir qu'il y a suffisamment de stress positif dans notre vie quotidienne pour nous garder motivés et concentrés, mais qu'il y a également suffisamment de possibilités de relaxation pour nous permettre de décompresser et de refaire le plein d'énergie tant au niveau émotionnel que psychique et physique.

En prenant pour exemples les deux scénarios bien typiques que nous venons de voir, nous nous apercevons que le défi qu'il nous faut relever est de trouver le juste équilibre entre le contrôle et la spontanéité. Autrement dit, en appliquant tous les jours les principes du second scénario, nous risquerions de devenir aussi stressés que dans le premier, parce que toute notre vie serait organisée à l'excès et planifiée de manière obsessionnelle. En outre, nous mettrions dans l'embarras la plupart de nos collègues et amis, qui se verraient obligés de supporter un saint parmi eux, sans compter que nous nous retrouverions vite isolés.

Le scénario négatif, pour sa part, fait pencher la balance vers l'excès contraire : la saine spontanéité se transforme à un degré tel qu'elle provoque une succession d'événements négatifs qui, par leur effet dominos, augmentent notre niveau de stress. Et, comme nous sommes soumis à la pression constante et excessive du stress, les effets sur nos amis, nos collègues et nos proches — qui doivent subir nos sautes d'humeur — sont néfastes.

Par conséquent, la différence essentielle entre le stress négatif et le stress positif peut se résumer de la manière suivante. Le stress négatif nous laisse tendus, incapables d'affronter un tant soit peu les exigences du quotidien, impuissants, indécis, irritables et craintifs (à un degré souvent potentiellement disproportionné par rapport à l'élément déclencheur). Le stress positif, en revanche, provoque une réaction psychique et émotionnelle tout à fait opposée : nous nous sentons disposés à prendre des décisions rapides, remplis d'énergie, enthousiastes et aux commandes de la situation à laquelle nous devons faire face.

Sous pression : les effets négatifs du stress sur l'esprit, les émotions et le corps

PLUSIEURS DIRONT INSTINCTIVEMENT QU'ILS SONT STRESSÉS AU MAXI-MUM SANS QU'ILS ÉPROUVENT LE BESOIN DE S'ARRÊTER POUR ÉVA-LUER CES BOULEVERSEMENTS D'ORDRE ÉMOTIONNEL, MENTAL OU PHYSIQUE QUI SURVIENNENT DANS LEUR VIE. C'EST GÉNÉRALEMENT PARCE QU'ILS SONT CONVAINCUS QU'IL DOIT EN ÊTRE AINSI, À SAVOIR QUE TOUT CE QUI LEUR ARRIVE DE NÉGATIF EST DÛ INÉVI-TABLEMENT À TROP DE TENSION ET DE STRESS.

Cette réaction répandue est étayée et renforcée par tout ce qu'on peut lire dans les journaux, les magazi-nes et Internet ainsi que par tout ce qu'on entend à la radio et à la télévision. Ce discours unanime des médias suggère en effet que nous connaissons actuel-lement une épidémie de maladies reliées au stress. Ces problèmes de santé, nombreux et variés quant à leur nature, sont reconnus pour avoir des effets extrême-ment négatifs sur notre équilibre et notre bien-être psychique, émotionnel et physique. En conséquence, les problèmes physiques reliés au stress pourront détruire nos relations personnelles et professionnelles parce qu'ils nous font nous sentir encore plus stressés et donc à la merci des événements négatifs.

Certains individus sont à l'écoute de leur corps à un point tel qu'ils reconnaissent rapidement les sensations et les changements qui résultent d'une trop grande charge de stress négatif : assèchement de la bouche,

mains moites, respiration courte et rapide, légère sen-sation de nausée ou mal de tête. Des symptômes spé-cifiques apparaissent sous l'effet du stress et quelques-uns peuvent se manifester de façon plus subtile encore que les précédents. Si nous désirons apprendre à maîtriser le stress le plus efficacement et le plus posi-tivement possible, nous devons être en mesure d'identifier ces symptômes et de comprendre le mécanisme qui les déclenche.

Comme pour tant d'autres situations dans la vie, nous pouvons trouver des solutions efficaces simple-ment en nous efforçant de comprendre la nature du problème. C'est particulièrement vrai pour tout ce qui a trait au contrôle du stress. Nous avons besoin de comprendre pourquoi notre corps réagit de telle ou telle façon à la pression et au stress. Une fois cette étape franchie, notre esprit, nos émotions et notre corps seront mieux préparés pour faire face à tout pro-blème.

N'oubliez jamais que le fait de nous sentir impuis-sants à changer une situation stressante nous rend encore plus stressés, encore plus prisonniers de la spirale négative de nos problèmes. Cependant, en appliquant simplement les techniques de réduction du stress, nous pouvons devenir experts dans l'art de le contrôler, et cette victoire à elle seule peut faire beau-coup pour soulager la pression d'un stress non résolu.

À gauche : **LE RYTHME TRÉPIDANT DE LA VIE URBAINE PEUT JOUER UN RÔLE MAJEUR DANS L'ÉTAT DE STRESS.**

La réaction au stress : comment la vivre

En matière de stress, nous devons beaucoup à Hans Selye. Souvent cité comme « le père du stress » dans les années 1930, Selye a été le premier scientifique à étudier le concept du stress en rapport avec le comportement humain. La réaction au stress étudiée par Selye a été nommée « syndrome général d'adaptation » (SGA, en abrégé). Quand la santé est bonne, la fonction essentielle du SGA est de nous assurer un état optimal d'équilibre (souvent appelé « homéostasie ») pour éviter que tout le système soit déstabilisé de manière draconienne à n'importe quel moment.

Tout élément déclencheur de stress qui entre en contact avec notre corps a le pouvoir de menacer sérieusement l'homéostasie. Les agresseurs peuvent se manifester dans un éventail déconcertant de situations : le choc subi dans un accident, comme victime ou comme témoin ; l'annonce d'une nouvelle excitante ; un deuil ; une grossesse ; un licenciement ; une lourde échéance à rencontrer au travail ; un diagnostic de maladie grave ; un état d'anxiété extrême ou une dépression postnatale.

Quelle que soit la nature de l'élément déclencheur, dès que notre corps le perçoit, nous voilà au stade initial de la stimulation. Suit rapidement une phase d'activité durant laquelle une panoplie de mécanismes physiologiques destinés à percevoir la présence de l'agresseur sont mobilisés.

Ci-dessous : **EN APPRENANT À DÉCLENCHER LA RÉPONSE DE LA DÉTENTE, NOUS POURRONS NOUS DÉTENDRE À VOLONTÉ, N'IMPORTE OÙ ET EN TOUTES CIRCONSTANCES.**

Nous connaîtrons dès lors un regain d'énergie mentale et physique, regain associé à des symptômes physiques de tension. Cependant, si cet état persiste durant une trop longue période de temps ou s'il n'est pas suivi d'une phase de relaxation mentale et physique adéquate, nous parviendrons au stade final : l'épuisement, accablés par une fatigue chronique qui pourra s'aggraver dangereusement.

Bien que ces principes puissent s'appliquer de façon générale, il est très important de garder à l'esprit que chacun de nous réagit selon sa propre perception du stress. Certains semblent s'adapter mieux que d'autres à la pression et au changement : il leur arrive d'accueillir positivement des formes de stress que d'autres perçoivent comme négatives. Si l'on prend pour exemple les réactions à un déménagement, on constate à quel point elles sont différentes pour certains individus qui démontrent beaucoup plus de résistance et de facilité d'adaptation que d'autres.

Les uns ont besoin de déménager fréquemment pour la stimulation, le défi et l'excitation qu'ils y trouvent. Les autres, cependant, perçoivent le déménagement comme un événement horrible parce qu'ils ont besoin d'une base sécurisante et bien ancrée dans la stabilité de leur « chez-soi » pour être au meilleur d'eux-mêmes dans leur environnement social et professionnel.

À la condition d'éviter les extrêmes dans un cas comme dans l'autre, on pourrait conclure sans risquer de se tromper que la personne qui aime déménager est dotée d'une plus grande capacité d'adaptation que celle qui est casanière, et que la première est probablement en mesure d'encaisser les coups du stress quotidien avec plus de facilité et de souplesse que la deuxième. Néanmoins, nous ne devons pas oublier que même les gens qui relèvent des défis et s'enthousiasment pour le changement peuvent se rendre jusqu'à l'épuisement s'ils ne portent pas suffisamment attention à ses signes avant-coureurs.

Une réaction appelée « la lutte ou la fuite »

Chaque fois que nous nous trouvons dans une situation stressante, notre corps réagit en recourant techniquement à une réponse rapide très judicieusement appelée « la lutte ou la fuite » : c'est le coup de poing sur la gueule du tigre ou le sauve-qui-peut. Le propre de cette réaction est de nous permettre d'agir physiquement, promptement et de manière décisive face à une situation menaçante.

Quels que soient les changements qui surviennent alors en nous, leur rôle est de nous seconder au moment d'entreprendre l'action rapide, peu importe laquelle, qui s'avérera appropriée pour affronter la crise. Comme le suggère l'expression, elle consistera à s'engager activement dans la lutte physique ou à courir se réfugier en lieu sûr, loin de la menace.

Afin d'adopter l'une ou l'autre de ces tactiques, notre corps subit une série de changements involontaires. Le taux de sucre dans le sang augmente pour nous fournir un supplément d'énergie ; la sécrétion d'adrénaline et de cortisol (deux puissantes hormones du stress) s'accroît et fait monter la tension artérielle ; le cœur bat plus vite ; la respiration s'accélère et devient superficielle ; l'activité digestive est pratiquement suspendue, provoquant un besoin impérieux de vider les intestins ou de vomir ; et les muscles reçoivent un afflux supplémentaire de sang en prévision d'une fuite rapide devant un éventuel danger.

Si notre corps active ce mécanisme qui lui est inhérent chaque fois que nous recevons une facture salée, que nous avons une dispute avec notre partenaire, que nous essuyons des critiques de la part de nos collègues ou que nous avons à présenter une série d'allocutions importantes au travail, il est fort probable qu'il en résultera des conséquences désagréables. Elles peuvent être très variées : syndrome du côlon irritable, hypertension, insomnie, anxiété, taux de sucre instable dans le sang, douleurs musculaires et maux de tête ou migraines.

Comme ces événements font partie de la vie de tous les jours, il est vain d'espérer les voir disparaître. Le secret d'un bon contrôle du stress repose sur la découverte des techniques qui nous conviennent personnellement. Ces techniques ont pour but de trouver les moyens de nous rétablir aussitôt des effets de la réaction « de lutte ou de fuite » et de nous dégager efficacement de ses fâcheuses conséquences. Pour y parvenir, il est nécessaire d'avoir quelques connaissances de base sur le fonctionnement du système nerveux autonome.

Le système nerveux autonome

Le système nerveux autonome est concerné par un nombre stupéfiant de fonctions corporelles essentielles dites « involontaires ». En d'autres mots, cela veut dire que nous n'avons pas à intervenir consciemment pour enclencher ou modifier l'une ou l'autre de ces activités, qui sont, notamment : les variations de la tension artérielle ; la stimulation des sucs gastriques pour faciliter les fonctions digestives ; la régulation du rythme cardiaque ; la transpiration pour rafraîchir l'organisme après une surchauffe ; les changements physiques qui se produisent lors de l'excitation sexuelle. De toute évidence, on peut considérer le système nerveux autonome comme un joueur clé dans le maintien d'une homéostasie efficace.

Le système nerveux autonome comprend deux branches aux fonctions diamétralement opposées : l'aile sympathique et l'aile parasympathique. Ensemble, elles nous fournissent un bel exemple de la manière dont un système parfait peut fonctionner à partir de deux forces contraires travaillant en équilibre.

L'aile sympathique du système autonome, connectée au « lutter ou fuir », est composée d'un groupe de fibres nerveuses qui jouent un rôle dans la sécrétion de l'adrénaline. En conséquence, elle déclenche l'influx nerveux et, ce faisant, nous prépare à faire face aux défis émotionnels, physiques et psychiques (incluant les tigres) : elle augmente la rapidité du rythme cardiaque, accélère la respiration, provoque la transpiration, hausse la tension artérielle, stoppe la sécrétion des sucs gastriques et envoie un surplus de sang dans les muscles, qui sont alors prêts à entrer en action.

Le rôle de l'aile parasympathique est de nous aider à nous calmer ou à nous relaxer après un défi majeur. C'est la partie du système nerveux autonome qui nous aide à nous remettre de la réaction au stress. Il n'est alors pas étonnant que la branche parasympathique soit responsable du ralentissement des battements du cœur au repos, d'une respiration paisible et régulière, du démarrage efficace de la digestion et de la relaxation musculaire. Une période prolongée de stress au cours de laquelle nous sommes constamment sur le qui-vive et tendus nous forcera à entrer dans une zone où le système nerveux sympathique domine. À l'opposé, ceux d'entre nous qui se sentent la plupart du temps détendus et peuvent récupérer rapidement après de brèves périodes de stress récoltent les bénéfices d'un fonctionnement efficace du système nerveux parasympathique.

Une bonne maîtrise du stress suppose que nous nous efforcions d'adopter un mode de vie qui favorise l'équilibre optimal entre les deux branches opposées du système nerveux autonome. Si nous y parvenons, nous n'aurons bientôt plus besoin de nous fier à l'excitation et au bourdonnement d'une vie tendue à l'extrême pour nous sentir vivants et débordants d'énergie.

Comme nous l'avons vu, un déséquilibre en faveur de l'aile sympathique peut fort bien nous fournir une énergie nourrie d'adrénaline pendant une courte période de temps, mais compter trop longtemps sur cette énergie hypothéquera grandement notre santé. De plus, trop de stress pendant trop longtemps nous rend dépendants de ces montées d'adrénaline et, avant peu, nous risquons de nous retrouver épuisés psychiquement, émotionnellement et physiquement.

À l'inverse, être excessivement relaxe comporte aussi un piège : par exemple, la vie peut sembler perdre de son intérêt. Si nous n'avons pas suffisamment de défis à relever, nous risquons de finir par manquer de motivation, de sombrer dans la paresse et de nous ennuyer.

Croyez-le ou non, nous gagnons tous à devoir faire face à des échéances contraignantes, qu'il s'agisse de la préparation physique adéquate pour une grossesse, de la révision d'un examen important, de la préparation psychologique que requiert une entrevue ou de la remise d'un manuscrit à une date prévue. Il n'y a rien comme un échéancier non négociable pour nous forcer à nous concentrer et, si je me fie à ma propre expérience avec ce livre, c'est on ne peut plus vrai. Autrement dit, sans une certaine dose saine de stress, la vie perdrait indubitablement de sa saveur.

Atteindre l'équilibre

Autrefois, personne n'aurait cru qu'il était possible d'agir sur certaines fonctions involontaires, telles les variations de la pression artérielle, la régulation du rythme cardiaque et la température du corps (justement parce qu'elles ne sont pas sous le contrôle conscient du corps). Or, les recherches effectuées auprès de gens qui pratiquent le yoga et utilisent des techniques de méditation ont démontré que, durant les états profonds de relaxation, les sujets peuvent, grâce à un contrôle conscient, abaisser de façon spectaculaire la tension artérielle, le pouls, le rythme de la respiration et la température de leur corps.

Certaines de ces études ont été examinées par le docteur Herbert Benson dans ses livres *Réagir par la détente* (*The Relaxation Response*) et *Beyond The Relaxation Response*. La révélation de ce phénomène voulant que l'on puisse influencer notre organisme par un contrôle conscient (la branche parasympathique du système nerveux) a conduit à la découverte d'une variété de possibilités extrêmement positives pour ceux qui recherchent des techniques antistress efficaces. Les troisième et quatrième chapitres nous en apprendront davantage sur les moyens de réussir une relaxation consciente.

Les autres facteurs importants de notre mode de vie qui ont un effet mesurable sur la diminution du stress sont l'alimentation et l'exercice. Ironiquement, lorsque nous vivons sous pression, ce sont toujours les premiers que nous négligeons parce que nous ne trouvons pas le temps ou l'énergie pour bien nous alimenter et nous tenir en forme. Les troisième et quatrième chapitres montrent à quel point cette façon de penser est désastreuse et comment, en passant notre vie devant la télévision et en

Ci-dessous : **EN PLUS DE NOUS PROCURER UNE PROFONDE SENSATION DE RELAXATION, LA MÉDITATION AMÉLIORE NOTRE CONCENTRATION.**

À droite : UNE TENSION MUSCULAIRE PERSISTANTE PEUT MENER À DES MAUX DE TÊTE DÉBILITANTS RÉCURRENTS.

nous contentant d'aliments vite préparés, nous invitons plus ou moins les symptômes reliés au stress à s'installer à demeure dans notre vie.

Malgré nos meilleures intentions, il arrive parfois que notre vie s'emballe. Le septième chapitre a été conçu pour nous aider quand un problème passager relié au stress surgit dans le contexte d'un mode de vie plutôt sain. On y suggère toute une gamme de thérapies douces et alternatives qui nous remettront rapidement sur la voie.

En suivant les conseils des prochains chapitres, nous mettrons en opération un plan détente complet. Nous maximiserons notre énergie et notre vitalité pour aborder avec confiance le stress positif, pendant que nous explorerons les moyens de relaxer notre organisme sur tous les plans : psychique, émotionnel et physique.

Avant d'entreprendre ce fascinant voyage vers la détente, voyons comment nous pouvons identifier nos zones à problèmes reliées au stress. Pour ce faire, commençons par déterminer les symptômes et les déclencheurs de stress les plus courants.

Reconnaître le stress

Si on n'y voit pas sérieusement, un stress négatif qui se prolonge va donner lieu à certains signes et symptômes qui sont les premiers avertissements que quelque chose ne va pas.

SYMPTÔMES GÉNÉRAUX

N'importe lequel des symptômes suivants peut entrer dans la catégorie des symptômes généraux :

- Tension musculaire générale, accompagnée de douleurs légères et de certaines raideurs dans la mâchoire, le cou et les épaules
- Absence de joie de vivre
- Insomnie, sommeil agité et superficiel
- Dispersion et difficulté de concentration
- Fatigue
- Faible libido
- Infections récurrentes de toutes sortes, allant des rhumes fréquents aux éruptions cutanées
- Manque d'appétit

SYMPTÔMES PSYCHIQUES ET ÉMOTIONNELS

Voici quelques symptômes psychiques et émotionnels du stress :

- Anxiété
- Attaque de panique
- Dépression
- Manque de confiance
- Indécision
- Sautes d'humeur
- Incapacité à décrocher du travail

SYMPTÔMES PHYSIQUES

Voici quelques symptômes physiques du stress :

- Indigestion
- Brûlures d'estomac
- Diarrhée
- Constipation
- Maux de tête nerveux
- Hyperventilation
- Palpitations (conscience des battements irréguliers et anormalement rapides du cœur)
- Vertiges et légers maux de tête
- Sensation de picotements ou d'aiguilles et d'épingles

SYMPTÔMES COMPORTEMENTAUX

Malheureusement, nous pouvons aggraver involontairement nos problèmes reliés au stress en adoptant, pour nous en sortir, des solutions de facilité à court terme qui sont les ennemies de notre santé et qui s'apparentent à des problèmes « comportementaux ». Ces pis-aller peuvent inclure l'un ou l'autre des symptômes suivants :

- Consommation accrue d'alcool
- Tabagisme
- Utilisation excessive de médicaments, tels les analgésiques
- Utilisation de drogues récréatives
- Dépendance exagérée à la caféine pour entretenir un haut niveau d'énergie
- Consommation accrue de sucre et de chocolat
- Alimentation compensatoire

EFFETS PHYSIQUES À LONG TERME

Lorsqu'une situation de stress d'un niveau inacceptable dure trop longtemps sans que des moyens appropriés soient mis en œuvre pour y remédier, la table est mise pour l'émergence, à long terme, de nombreux problèmes de santé pouvant inclure n'importe laquelle des combinaisons suivantes :

- Migraines et maux de tête récurrents
- Syndrome du côlon irritable
- Dépression clinique
- Anxiété chronique
- Phobies
- Douleurs permanentes ou raideur et manque de mobilité dans le cou et les épaules
- Ulcère d'estomac
- Eczéma
- Psoriasis
- Affaiblissement du système immunitaire donnant lieu potentiellement à plusieurs affections, allant des rhumes persistants aux cystites établies, et à l'aggravation probable des conditions d'inflammation plus chronique, telle l'arthrite rhumatoïde

À droite : TOUT PLAISIR IMMÉDIAT DÉRIVÉ D'UNE ALIMENTATION COMPENSATOIRE RISQUE, AU BOUT D'UN CERTAIN TEMPS, DE CÉDER LA PLACE À LA FATIGUE ET AUX PROBLÈMES DIGESTIFS.

Les sources de stress excessif

Comme nous l'avons vu, toute situation peut devenir source de stress négatif si nous la percevons comme menaçante ou hors de notre contrôle. Cependant, il existe aussi nombre de déclencheurs de stress négatif particulièrement puissants s'ils entrent en jeu rapidement l'un à la suite de l'autre. Pour plus de commodité, on peut les diviser en deux groupes fondamentaux : les déclencheurs de stress d'ordre interpersonnel et les déclencheurs de stress d'ordre professionnel.

LES DÉCLENCHEURS DE STRESS D'ORDRE INTERPERSONNEL

- Manque de communication
- Colère réprimée
- Manque de contacts physiques
- Pressions financières
- Piètre estime de soi
- Culpabilité
- Anxiété
- Dépression
- Isolement et solitude
- Ennui
- Absence de sens de l'humour

LES DÉCLENCHEURS DE STRESS D'ORDRE PROFESSIONNEL

- Inaptitude à organiser son temps
- Incapacité de déléguer
- Absence d'organisation dans son environnement de travail
- Manque de motivation
- Syndrome des édifices malsains
- Bruit
- Buts et objectifs irréalistes
- Environnement terne

Aussi décourageantes que puissent paraître ces énumérations, il est vraiment nécessaire de constater qu'il nous faut entreprendre une action positive si nous voulons composer avec chacun de ces déclencheurs de stress. Et quand nous nous rendrons compte que cette action est la solution que nous recherchons pour en finir avec le stress, nous serons libres de briser les barreaux de cette prison où nous nous sommes enfermés sans espoir de libération.

Avant tout, assurons-nous d'identifier les problèmes qui nous causent le plus de tensions et de stress.

Mettre en pratique les principes du plan détente

Avant d'aborder les stratégies nous permettant d'affronter les différents groupes de problèmes reliés au stress, il convient d'examiner d'abord en détail le contenu et la structure du plan détente. Il comprend cinq étapes principales :

- Trouver le calme
- S'alimenter
- Se régénérer
- Se dorloter
- Retrouver l'équilibre

Trouver le calme, comme l'énoncé l'indique, consiste à explorer les techniques psychiques et émotionnelles de base que nous pouvons — et devons — utiliser pour maîtriser et désamorcer le stress de l'intérieur.

S'alimenter traite des liens connus entre le stress et l'alimentation et nous montre des moyens de nous libérer des mauvaises habitudes du boire et du manger qui contribuent souvent allègrement à créer un excès de stress dans nos vies.

Se régénérer explore les techniques d'exercices connues pour nous calmer mentalement et émotionnellement et nous procurer une énergie accrue, soutenue et équilibrée.

Se dorloter — ma section préférée, parce qu'elle traite d'un aspect souvent négligé dans les approches plus draconiennes de promotion de la santé — est l'étape consacrée aux techniques que l'on peut utiliser à la maison pour se réserver un espace de réconfort bien à soi, à l'abri du stress.

Retrouver l'équilibre aborde l'utilisation des médecines douces dans le traitement du stress.

La première étape : identifier nos priorités

Si la plupart de nos problèmes, en plus d'apparaître dans la liste des symptômes psychiques et émotionnels, se retrouvent aussi dans la liste des symptômes interpersonnels, nous aurons avantage à suivre les conseils des sections intitulées « Trouver le calme » et « Retrouver l'équilibre ».

Les personnes préoccupées par les problèmes physiques et les problèmes de comportement auront intérêt à s'attarder aux sections intitulées « S'alimenter » et « Retrouver l'équilibre ».

Les autres, dont les malaises sont moins définis et s'apparentent davantage à des symptômes généraux, trouveront que les conseils donnés dans les sections intitulées « Se régénérer » et « Se dorloter » feront toute la différence.

Quels que soient vos besoins, gardez toujours à l'esprit que ce sont là des suggestions qui ne sont pas coulées dans le béton et que chaque section peut être utilisée avec autant de souplesse et de créativité que vous le suggèrent votre goût et votre tempérament. Peu importe le conseil que vous décidiez de suivre, souvenez-vous toujours qu'il doit correspondre exactement à vos besoins, à vos goûts et à votre tempérament. Par-dessus tout, rappelez-vous que prendre plaisir à faire quelque chose ne peut que vous être bénéfique. Utilisez votre imagination et soyez créatif avec ces suggestions.

Composer efficacement avec les effets à long terme des problèmes reliés au stress

Les problèmes reliés au stress qui sont classés dans les effets physiques à long terme exigent un traitement à part, parce que même si les conseils d'automédication que propose ce programme antistress peuvent aider dans la plupart des cas, certains problèmes nécessitent les soins d'un thérapeute expérimenté en médecine douce ou alternative. Les cas médicaux chroniques (comme le sont généralement ceux énumérés ici) entrent dans cette catégorie.

Les gens qui pratiquent l'automédication se rendent rapidement compte qu'ils ne sont pas à la hauteur de conditions chroniques de nature plus complexe qui risquent de prendre racine. Cette situation se complique encore lorsqu'une médication conventionnelle s'ajoute, car il est souvent difficile pour un nouveau venu dans l'automédication de savoir si ses symptômes sont liés au problème initial ou aux effets secondaires de la médication.

À droite : Un massage fréquent dans la région du cou et des épaules peut être d'une grande utilité pour soulager les maux de tête provoqués par la tension qui s'accumule à la base du cou.

Quiconque souffre de migraines récurrentes, de dépression clinique, de psoriasis, d'anxiété permanente, d'eczéma, d'ulcère d'estomac ou du syndrome du côlon irritable peut recourir à la médecine douce. Toutefois, il est très important d'insister sur le fait que lorsque des médicaments conventionnels sont conseillés dans le traitement de l'une ou l'autre de ces affections, on ne doit jamais cesser de les prendre sans la supervision et l'avis d'un médecin.

Les thérapies appropriées comprendraient l'homéopathie, la médecine occidentale des plantes et la médecine traditionnelle chinoise. L'aromathérapie et les massages fourniraient une aide complémentaire.

Toute personne aux prises avec un problème de stress chronique gagnerait particulièrement à consulter un praticien de médecine douce, parce que sa pratique s'appuie sur le principe voulant que le corps possède son propre mécanisme intérieur d'autoéquilibre et d'autorégulation. Les traitements de médecine alternative telle l'homéopathie visent à aider l'organisme à retrouver son état optimal d'équilibre complet. Maintenant que nous savons que les problèmes reliés au stress résultent d'un bouleversement de cet équilibre, il est clair qu'un système de guérison dont l'objectif principal est l'homéostasie aura toutes les chances de convenir plus particulièrement.

3

Trouver le calme : relaxer son corps, apaiser son esprit

CONSIDÉRANT TOUTE L'ANIMATION ET LE BRUIT QUI NOUS ENTOURENT, IL Y A DE QUOI NOUS ÉTONNER LORSQUE NOUS PARVENONS À NOUS CONCENTRER. LES SONNERIES DE TÉLÉPHONE INSISTANTES, LES RADIOS À PLEIN VOLUME, LES VOIX STRIDENTES, LES CRIS D'ENFANTS, LES SYSTÈMES D'ALARME QUI SE DÉCLENCHENT INOPINÉMENT, LES AVIONS QUI PASSENT AU-DESSUS DE NOS TÊTES, TOUT CELA CONTRIBUE À AMPLIFIER CET IMMENSE BOURDONNEMENT QUI ACCOMPAGNE NOTRE VIE.

Si on ajoute à ce contexte déjà stressant – tandis que l'on se donne un mal fou pour respecter un délai au travail – le stress supplémentaire que cause l'omniprésence des télécopieurs, des messageries électroniques et des téléphones cellulaires, comment se surprendre qu'à certains moments on veuille tout lâcher pour se retrouver seul avec soi-même, dans une oasis de calme et de sérénité ?

C'est précisément ce dont il est question dans ce chapitre. En appliquant régulièrement les conseils qui suivent, nous pourrons avoir accès à cette oasis intime sans être obligés de fuir la source de notre stress. Tout ce que nous devons faire pour pénétrer dans cet état de calme psychique et émotionnel, dès les premiers signes de tension et de stress, c'est maîtriser quelques techniques de base. Le fait de savoir que le mécanisme de relaxation

À gauche : POUR PLUSIEURS D'ENTRE NOUS, SAVOIR SE CALMER EST QUELQUE CHOSE QUI DOIT S'APPRENDRE. À droite : LEVEZ-VOUS QUINZE MINUTES PLUS TÔT QUE NÉCESSAIRE. DISPOSANT DE PLUS DE TEMPS, VOUS COMMENCEREZ LA JOURNÉE SANS COURIR ET, AINSI, VOUS POURREZ MIEUX AFFRONTER LES SITUATIONS STRESSANTES DU TRAJET.

peut être déclenché à volonté va nous procurer un réel sentiment de contrôle et de sécurité. C'est particulièrement important lorsque nous vivons ou travaillons dans un environnement bruyant et animé, car rien n'est aussi efficace pour nous calmer et diminuer le stress que de sentir que nous dominons la situation, que nous l'avons bien en main.

Quelques-unes des techniques concernées ont été conçues pour être pratiquées régulièrement à la maison afin qu'elles s'intègrent à nos habitudes de vie. D'autres sont suggérées à titre de solutions instantanées quasi miraculeuses qui peuvent être utilisées n'importe où pour désamorcer sans délai une situation qui s'annonce stressante.

Le plan détente vise idéalement à inclure des séances régulières d'une forme de technique de relaxation pour créer un fond de calme et de sérénité. En l'adoptant à long terme, nous découvrirons probablement que les solutions rapides qui servent à limiter les dégâts ne sont plus nécessaires.

Neutraliser le stress

Le docteur Herbert Benson, dans son livre intitulé *Réagir par la détente (The Relaxation Response)*, nous fournit un puissant antidote à « la lutte ou la fuite » décrite au chapitre précédent. Comme nous l'avons vu, les changements physiques déclenchés par cette réaction sont intimement liés à une activité accrue du système nerveux sympathique.

Une trop forte stimulation en ce sens cause inévitablement des symptômes de nervosité, d'anxiété, d'agressivité, d'accélération du pouls, d'insomnie et de maux de tête légers (résultant d'une respiration rapide et superficielle).

Ces symptômes ne sont évidemment que la pointe de l'iceberg : dans une situation de stress extrême vont

Ci-dessous : **LA CHAMBRE À COUCHER DEVRAIT ÊTRE CALME, BIEN AÉRÉE ET SUFFISAMMENT SOMBRE POUR FAVORISER UN SOMMEIL REPOSANT ET RÉPARATEUR.**

survenir simultanément une quantité de changements plus subtils et moins faciles à détecter, lesquels nous rendent vulnérables à un nombre indéterminé de problèmes chroniques reliés au stress comme ceux qui ont été décrits précédemment.

Cependant, nous avons à notre disposition la réponse de la détente, une méthode efficace pour fournir un antidote à l'activité accrue du système nerveux sympathique. Peu importe que la réponse de la détente soit déclenchée par la méditation, la relaxation musculaire progressive, la visualisation créatrice, le biofeedback, le training autogène ou les techniques de relaxation, cette réponse semble activer les réactions physiques typiques du système nerveux parasympathique quand il est stimulé.

De nombreux signes indiquent l'entrée en jeu du système nerveux parasympathique : une baisse de la consommation d'oxygène, un pouls ralenti, une respiration plus lente et une diminution marquée du taux de lactate sanguin. Ce dernier signe est important parce que de hauts taux de lactate sanguin sont associés aux symptômes d'anxiété. En d'autres mots, quand nous activons la réponse de la détente, nous entrons dans un état de calme profond.

Toutefois, il est très important de comprendre que, malgré un certain parallèle entre les changements physiologiques survenant au cours d'une relaxation provoquée et ceux qui surviennent durant le sommeil (comme une baisse de la consommation d'oxygène), l'expérience d'une relaxation profonde n'est pas la même que celle du sommeil. Donc, nous ne pouvons pas présumer qu'un sommeil de qualité, régulier et profond nous procure des bénéfices équivalents à ceux de la réponse de la détente.

Une différence notable, parmi d'autres, entre les deux activités tient à la présence des ondes cervicales alpha. Bien qu'elles ne soient pas présentes généralement durant le sommeil, les ondes alpha (lentes) caractérisent la relaxation profonde, conjointement avec certaines activités d'autres ondes cervicales. À l'inverse, les signaux cervicaux associés aux mouvements rapides de l'œil durant le sommeil et le rêve ne se produisent pas au cours de la méditation.

Même si la relaxation profonde et le sommeil sont différents, l'importance d'un sommeil régulier et réparateur ne doit jamais être exclue quand il est question des techniques de contrôle du stress. De saines habitudes de sommeil aident à prévenir les baisses d'énergie, les sautes d'humeur et les infections récurrentes.

Pour des effets à long terme de la relaxation : moyens pratiques de base

Avant d'explorer quelques-unes des techniques que l'on peut utiliser pour obtenir une détente efficace, il est important de regarder également certains points que nous devons considérer si nous voulons pratiquer la relaxation à la maison. Après tout, il est peu probable que nous ayons de l'agrément à faire de la relaxation ou que nous en retirions des bienfaits si nous ne nous sentons pas à l'aise dans cette pratique.

LA CHALEUR

Cela étonnera peut-être un débutant de découvrir que la température du corps peut baisser considérablement durant un état de profonde relaxation. Pour éviter d'avoir froid – sensation très désagréable –, il faut toujours nous assurer, avant de commencer, que la pièce où nous nous trouvons est suffisamment chaude.

L'ESPRIT CLAIR

Toutefois, évitez tout autant la tentation d'une température ambiante trop chaude et étouffante, ce qui peut favoriser davantage la somnolence que l'état de relaxation. Si cela se produit, vous risquez d'émerger de la relaxation désorienté et d'humeur maussade, plutôt que l'esprit clair et serein.

LE CONFORT

On a avantage à accorder une certaine attention à ce que l'on porte durant un exercice de relaxation, bien qu'il ne soit pas nécessaire d'investir dans l'achat de vêtements spécifiques. Le plus important est de porter un vêtement dans lequel on se sent totalement à l'aise et libre dans ses mouvements : n'importe quoi, que ce soit un ensemble de gym, avec pantalon, t-shirt et blouson chaud, ou une robe longue ample et confortable dans laquelle on se sent bien. L'essentiel est de n'avoir rien de contraignant autour du cou, des poignets et de la taille, et d'opter pour un tissu moelleux, apaisant et agréable sur la peau.

LES ACCESSOIRES

Lorsque vous relaxez en position assise, choisissez toujours une chaise à dossier droit pour donner à la colonne le maximum de support. Une posture avachie — les épaules rentrées — a l'effet indésirable de « couper » la respiration. S'asseoir confortablement, le dos droit, aide automatiquement le souffle à remplir toute la poitrine, qui respire alors avec plus d'amplitude et d'efficacité. Par ailleurs, placez vos pieds dans la position la plus confortable possible, de sorte que leur plante repose aisément et complètement sur la surface du plancher. Les mains peuvent être posées sur les cuisses ou sur les appuie-bras de la chaise.

Si vous choisissez de vous étendre pour relaxer, utilisez une surface suffisamment plate, ferme mais confortable. Un tapis d'exercice ou une couverture rembourrée sur le plancher feront également très bien l'affaire.

LA TRANQUILLITÉ

Avant de commencer la séance, assurez-vous de trouver un endroit tranquille où le bruit est pratiquement absent. Réglez le répondeur, débranchez tout appareil susceptible de produire un bruit inattendu. Et souvenez-vous d'informer le reste de la maisonnée à l'avance de ce que vous allez faire, afin de diminuer les risques d'être dérangé.

LA RÉGULARITÉ

Comme dans toute discipline, le plus difficile est probablement de prendre l'habitude d'une pratique régulière. Rappelez-vous, les bénéfices à retirer de la relaxation dépendent en grande partie de cette régularité, quelle que soit la technique utilisée. Alors, veillez à vous réserver chaque jour une période de temps pour la relaxation consciente, mais ne vous tracassez pas pour un jour ou deux sans pratique. Après tout, vous faire du mauvais sang va à l'encontre de votre objectif initial. En lieu et place, recommencez simplement votre pratique de relaxation comme s'il n'y avait pas eu d'interruption et appréciez-en de nouveau les bienfaits.

TEMPÉRAMENT ET MODE DE VIE

Lorsque vous décidez d'inscrire la relaxation consciente dans votre routine quotidienne, il est essentiel de choisir une méthode qui vous convienne personnellement. Par exemple, si vous avez horreur des gadgets et des appareils électroniques, vous n'aimerez probablement pas le biofeedback. Dans ce cas, vous feriez mieux de choisir une technique qui ne requiert pas d'équipement spécialisé et qui peut se pratiquer aisément dans n'importe quelle situation où vous vous sentirez stressé.

Le training autogène

Le training autogène est une thérapie médicale mise au point par un neurologue allemand du nom de Dr Schultz. Une fois apprise, cette technique doit être mise en pratique chaque jour si on veut éprouver un état de calme et de relaxation. Dans le training autogène, l'esprit se concentre sur six exercices mentaux qui ont pour but de déclencher et d'identifier des sensations précises dans différentes parties du corps.

Pour commencer l'entraînement, il est utile de s'étendre dans un environnement calme et tranquille, les yeux fermés. Une fois la technique maîtrisée, vous pouvez l'utiliser n'importe où et à n'importe quel moment afin de vous retirer à volonté dans le même état de tranquillité.

Chacun des exercices amène notre esprit à expérimenter activement, à un second niveau, une variété de sensations (pesanteur, froid et chaleur), tout en nous permettant de demeurer conscients de notre rythme cardiaque et respiratoire.

Il est à conseiller de travailler avec un professeur qualifié en training autogène plutôt que d'essayer de maîtriser seul la technique. Il arrive que des réactions psychologiques, par exemple, un accroissement de l'anxiété, surviennent en réaction à cette technique ; quand cela se produit, il est extrêmement utile de pouvoir compter sur le support d'un praticien compétent et expérimenté, prêt à intervenir pour évaluer ce qui se passe et agir promptement et efficacement.

Une fois les exercices de base assimilés, le training autogène nous permet d'éprouver un état de relaxation profonde en un temps relativement court. Cependant, souvenez-vous que la pratique régulière est essentielle si vous désirez profiter des bienfaits de l'observation aiguë qui se développe à mesure que vous apprenez à être conscient des sensations qui se produisent dans un état de relaxation profonde. La répétition est indispensable, tant pour la maîtrise des exercices eux-mêmes que pour la connaissance des points clés qui forment la structure de l'entraînement. Votre persévérance sera largement récompensée par les bienfaits que vous retirerez de cette thérapie de grande valeur.

À droite : EFFORCEZ-VOUS DE CONSACRER CHAQUE JOUR UNE PÉRIODE DE TEMPS À LA RELAXATION SI VOUS DÉSIREZ RECRÉER LE SENTIMENT DE LIBERTÉ QUE VOUS ÉPROUVEZ DURANT LES VACANCES.

La relaxation musculaire progressive

La relaxation musculaire progressive est une méthode de relaxation consciente qui met à contribution tous les groupes de muscles. Elle a été élaborée par le Dr Jacobson, un physiologiste qui considérait que les états d'anxiété ainsi que les états de tension psychologique et émotionnelle pouvaient être déclenchés ou amplifiés par la contraction ou le raidissement des muscles. Il en vint à conclure que l'inverse était également vrai. Cela revient à dire que la pratique régulière de la relaxation musculaire volontaire peut contribuer activement à établir en nous un sentiment de calme et de tranquillité.

La technique consiste à raidir volontairement un groupe de muscles (par exemple, serrer les poings), à maintenir la contraction pendant une ou deux secondes, puis consciemment à les détendre et, délibérément, à les relâcher complètement, au maximum. Il est possible d'améliorer l'effet de détente en imaginant que nous abandonnons tous nos soucis en même temps que nous relâchons la tension musculaire dans chacune des parties de notre corps.

Vous pouvez prendre conscience du rythme et de la séquence naturelle de votre respiration au moment où vous pratiquez la relaxation musculaire progressive (RMP). Après avoir respiré à fond par le nez en raidissant les groupes de muscles, vous devez expirer complètement par la bouche — d'un seul souffle, comme un léger soupir — en même temps que les muscles se détendent et se relâchent.

La technique de la relaxation musculaire progressive doit être pratiquée régulièrement, en position allongée et dans une pièce tranquille. À mesure que vous progresserez dans votre pratique, vous deviendrez de plus en plus conscient de la moindre contraction de vos muscles, que ce soit ceux du visage, des yeux, des bras et des jambes. Grâce à votre capacité à identifier et à relâcher à volonté ces contractions, vous pourrez atteindre un état profond de relaxation.

À GAUCHE : QUAND NOUS RELÂCHONS CONSCIEMMENT NOS MUSCLES, IL S'ENSUIT UNE SENSATION DE TRANQUILLITÉ PROFONDE, PSYCHOLOGIQUE ET ÉMOTIONNELLE, ET NOUS AVONS L'IMPRESSION DE PLANER COMME UN OISEAU.

Le biofeedback

L'utilisation du biofeedback remonte aux années 1960, au moment où des scientifiques américains ont pris conscience de son potentiel pour le traitement de patients souffrant de problèmes reliés au stress, telle l'hypertension. Au cours du traitement, le patient est relié à un appareil de biofeedback au moyen d'électrodes et de sondes. Ce sont les bips, les lumières clignotantes et les mouvements d'aiguille sur le cadran qui informent la personne traitée des changements qui se produisent dans son corps (variations du pouls et de la tension musculaire).

Ces changements indiqués par la machine sont essentiellement les variations dans le degré de chaleur de la peau, la quantité de transpiration produite, le degré de tension présente dans les muscles, l'activité cervicale et les variations du pouls. Un état de relaxation se reconnaît à une absence de transpiration excessive, à de hauts niveaux d'ondes alpha et à un pouls lent et régulier ; le moniteur montre donc avec précision les manifestations de relaxation.

Au bout d'un certain temps, le patient constate à quel point le contrôle conscient peut être bénéfique, grâce aux techniques de respiration et de relaxation musculaire. Il lui est donc plus facile de réduire les symptômes des troubles reliés au stress, tels l'anxiété et la tension musculaire. Certains problèmes semblent répondre particulièrement bien à la pratique du biofeedback ; ce sont notamment les maux de tête nerveux (causés par la tension), les migraines, l'hypertension, le syndrome du côlon irritable et l'insomnie.

La méditation

Les adeptes de la méditation affirment avec beaucoup d'enthousiasme que cette technique peut réduire une grande partie des problèmes de stress auxquels nous avons à faire face. Autant la méditation aide ceux qui souffrent d'anxiété, d'insomnie, d'hypertension et de problèmes récurrents, conséquences des tensions musculaires, autant il semble que, pratiquée régulièrement, elle améliore de manière sensible la concentration, rendant généralement ses adeptes plus créatifs, plus résolus et plus productifs. Sachant que l'énergie n'est plus dilapidée dans des inquiétudes et des angoisses sans fin, on pourrait en conclure que la méditation donne en outre la capacité de réguler les niveaux d'énergie.

La méditation a pour but de faire taire le verbiage incessant de notre esprit lorsque nous sommes préoccupés et stressés ; la plupart d'entre nous savent combien les pensées anxieuses sont épuisantes lorsque nous traversons des périodes de tension et de grand stress. Bien que le but puisse sembler ambitieux, les techniques utilisées sont d'une simplicité désarmante : le vrai défi qui se pose, au début, peut être la discipline qu'exige son application.

Pour méditer, il est préférable de s'asseoir ou de s'allonger. Certaines personnes se placent dans la position du lotus, d'autres s'installent à genoux. Si vous ressentez de la tension au niveau de la colonne ou des genoux, il vaut mieux éviter ces positions. Assoyez-vous sur une chaise confortable munie d'un dossier ferme et droit qui permet aux pieds de reposer sur le sol. Si vous préférez vous allonger, veillez à ce que la surface choisie soit ferme, chaude et à l'abri des courants d'air.

Si vous choisissez de vous allonger, adoptez la position de yoga dite « du cadavre ». Le corps est étendu, les bras sont relâchés et légèrement distancés de chaque côté du corps, les mains, paumes sur le dessus, gardant contact avec le sol. Les jambes sont légèrement écartées, les pieds libres et détendus. Le dos ne doit pas être arqué, de sorte que la colonne et les muscles du dos puissent se relaxer complètement.

Ceux qui préfèrent la posture droite pour méditer peuvent fixer leur regard sur un objet : une fleur, une bougie allumée ou un cristal, ou choisir instinctivement un objet quelconque propre à les aider à atteindre l'état méditatif. Concentrez-vous sur cet objet, écartant toutes les pensées à mesure qu'elles se présentent (et elles arrivent, comme par exprès, aussitôt que vous commencez à méditer). Pendant que vous vous concentrez sur cet objet, observez ce qui se passe au niveau de votre respiration. Doucement, prenez-en le contrôle jusqu'à ce qu'elle devienne régulière — inspiration et expiration d'une égale durée. D'autres pourront choisir de fermer les yeux et se concentrer sur une image mentale (c'est l'idéal, si vous êtes allongé).

Il se peut que vous trouviez utile de répéter intérieurement un simple son ou une même syllabe obéissant au rythme de votre respiration. Il n'est pas nécessaire de rechercher un mot plus mystique que le mot « un », il suffit de répéter un son qui correspond à l'état de méditation que vous recherchez.

Il est important de ne pas mettre fin abruptement à la méditation, afin de permettre à votre corps et à votre esprit de revenir doucement à leur activité normale. Quand vous êtes prêt, ouvrez les yeux, étirez les bras et les jambes et levez-vous lentement. Par-dessus tout,

À droite : **LA CONCENTRATION DE VOTRE REGARD SUR UN OBJET PAR EXEMPLE – LA FLAMME D'UNE BOUGIE, OU UNE FLEUR – PEUT VOUS AIDER À BIEN MÉDITER.** Ci-dessous : **LE MÉDITANT NÉOPHYTE APPRÉCIERA LA POSITION DU YOGA DITE « DU CADAVRE », PARCE QU'ELLE PERMET À LA TÊTE, AUX ÉPAULES, AUX BRAS ET AUX JAMBES DE SE RELAXER COMPLÈTEMENT.**

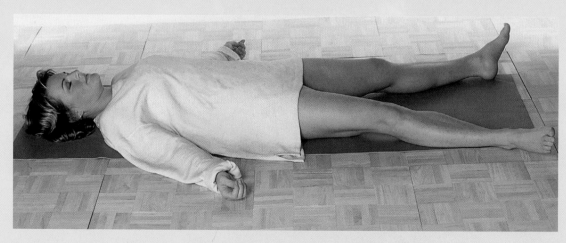

ne vous redressez jamais brusquement si vous êtes allongé : efforcez-vous de toujours vous tourner sur le côté et de prendre le temps de porter attention aux diverses sensations qui se produisent dans votre corps au moment où vous vous redressez.

La visualisation créatrice

La visualisation créatrice, une technique fort agréable, suppose que vous donniez congé à votre activité mentale : il s'agit de vous concentrer sur des images, des sons et des sensations qu'évoque un lieu qui vous est cher ou qui a des connotations positives pour vous. Pour vous préparer à cette technique, vous pouvez adopter les positions et les principes suggérés pour la pratique de la méditation.

Dès que vous sentez que votre respiration est continue et régulière, visualisez un lieu relaxant, beau ou inspirant : cela peut être un endroit que vous avez visité ou que vous avez vu en photo ou sur un tableau. Le plus important est que cet endroit ait une résonance particulière pour vous.

Il importe peu qu'il s'agisse d'une forêt paisible, d'une plage ou d'une scène pastorale, mais ce doit être

Ci-dessus : **LA VISUALISATION CRÉATRICE CONSISTE POUR AINSI DIRE À PRENDRE CONGÉ DE L'ACTIVITÉ MENTALE — À « S'EN ALLER LOIN DE TOUT ».**

un environnement qui « vous parle », qui ait pour vous une signification toute particulière. En pénétrant mentalement dans votre image, vous commencerez à prendre conscience du spectacle, des sons et des sensations qui composent l'environnement ; vous continuerez de vous y promener, découvrant lentement, un à un, de nouveaux aspects du paysage qui vous entraînent toujours plus loin, dans un état de relaxation encore plus profond.

Il peut être utile et bénéfique de combiner relaxation musculaire progressive et visualisation créatrice. Une fois que vos muscles sont complètement détendus et ramollis, reportez votre attention sur votre respiration. En inspirant, sentez votre corps se remplir d'un liquide chaud et doré symbolisant une sensation profonde de paix, de bien-être et de tranquillité. En expirant, imaginez la tension, les préoccupations et les soucis tenaces qui quittent votre corps dans un nuage vaporeux. Choisissez une couleur – peu importe laquelle – qui puisse établir un lien personnel entre vous et l'image.

La relaxation guidée

Pour vous préparer à la pratique de la relaxation, vous pouvez vous servir des nombreux exercices de relaxation guidée que l'on trouve en cassette ou sur disque compact, particulièrement si vous désirez simplement fermer les yeux et vous laisser guider dans un exercice de relaxation structurée, sans la pression d'avoir à vous demander si vous procédez correctement.

Vous pouvez également vous procurer un livre où vous trouverez d'excellents exercices de relaxation. Dans ce cas, il sera sans doute préférable d'enregistrer les instructions sur cassette ou sur un disque compact, en utilisant votre propre voix, étant donné que certaines voix préenregistrées peuvent vous paraître fatigantes ou monotones. Les exercices guidés qui suivent sont une introduction à la relaxation. Avant de commencer, préparez-vous en suivant les indications données précédemment pour la pratique de la méditation.

1 Allongez-vous sur le sol, les genoux pliés, en gardant une distance d'environ 30 cm (12 po) entre vos pieds. Relaxez-vous. Posez doucement une main sur votre ventre, dans la région du nombril, et respirez profondément, de façon régulière : votre main devrait se soulever et s'abaisser au rythme régulier de votre respiration.

2 Écoutez votre corps et laissez votre respiration suivre son rythme naturel ; ne forcez jamais le rythme de votre respiration. Tout ce que vous avez besoin de faire en premier lieu est d'observer la manière dont vous respirez.

3 Une fois que votre respiration est calme et régulière, laissez vos jambes se détendre sur le sol, et adoptez la position « du cadavre » décrite à la page 34.

4 Concentrez-vous sur les muscles de la tête et du visage. En commençant par le sommet de la tête, « voyez » s'en aller la tension retenue dans les muscles du cuir chevelu. Faites bouger votre front en mouvements réguliers vers le bas et notez chaque point de tension rencontré au passage. Consciemment, relâchez un à un les nœuds de tension et relaxez chacun des groupes de muscles qui sont en cause avant de continuer.

5 Descendez mentalement en passant en revue tout votre corps et en vous arrêtant chaque fois que vous repérez une tension. La mâchoire, le cou, la gorge, les épaules, les mains et le bas du dos sont généralement des zones de tension. Toujours mentalement, refaites le même exercice en remontant et revisitez chaque partie de votre corps, ne poursuivant que lorsque la zone visitée est complètement assouplie et relaxée.

6 Quand vous serez devenu familier avec ce processus, vous devriez éprouver une merveilleuse sensation de détente et de confort. Vous pouvez avoir l'impression que votre corps devient beaucoup plus lourd et qu'il s'enfonce dans le sol, mais il arrive souvent aussi que nous sentions notre corps si léger qu'il semble flotter au-dessus de nous.

7 Une fois que vous êtes complètement détendu, tournez votre attention encore une fois vers votre respiration. Vous devriez découvrir qu'elle a naturellement ralenti et que son rythme a pris une cadence naturelle, régulière et détendue.

8 En respirant, visualisez l'énergie positive qui vous envahit. En expirant, visualisez tout ce dont votre corps se libère : tension et énergie négative. Vous pouvez choisir d'imaginer des images ou des couleurs qui ont une résonance particulière pour vous, symbolisant l'énergie positive et l'énergie négative. Au fil du temps, il se pourrait que vous vouliez changer ces couleurs : sentez-vous libre d'effectuer les modifications qui s'harmonisent avec votre état d'esprit.

9 Prélassez-vous dans cet état de relaxation profonde aussi longtemps que vous le désirez, mais réservez-vous suffisamment de temps pour en émerger lentement. Vous précipiter vers la reprise de vos activités peut amoindrir les bienfaits de cette expérience.

10 Quand vous vous sentez prêt, commencez par ramener lentement votre attention sur ce qui vous entoure. Doucement, bougez votre tête, vos bras, vos mains, vos jambes et vos pieds, et augmentez l'ampleur des mouvements, lentement et régulièrement, jusqu'à ce que vous fassiez de plus grands mouvements de flexion et d'étirement. Enfin, prenez plaisir à vous étirer voluptueusement comme le font les chats et ouvrez les yeux.

11 Surtout, ne vous redressez jamais abruptement après la relaxation. Roulez plutôt sur un côté, puis passez quelques instants dans la position assise avant de vous lever. C'est le meilleur moyen d'éviter les légers maux de tête ou les sensations de désorientation qui peuvent résulter d'un redressement trop rapide.

Les solutions miracles pour un résultat à court terme

Voici quelques techniques de réponses de détente rapide à utiliser dès que vous sentez le stress vous submerger. Ne requérant qu'un minimum de préparation, elles procurent rapidement un état de calme.

RESPIREZ

Arrêtez-vous un instant et, consciemment, prenez quelques grandes respirations régulières et profondes pour remplir d'air vos poumons de bas en haut. Ces respirations éclaircissent l'esprit, relâchent la tension et créent un précieux moment de relaxation consciente.

INHALEZ

Si vous vous sentez stressé et tendu, déposez quelques gouttes d'une huile essentielle de lavande sur un tissu et respirez profondément.

PUISEZ DE LA VIGUEUR

Utilisez une technique simple : « les paumes des mains sur les yeux », pour vous revigorer tout en soulageant la tension de vos yeux fatigués : appliquez pendant quelques secondes vos mains sur vos paupières closes en exerçant une pression légère mais ferme (*voir page 42*).

RELÂCHEZ LA TENSION

Relâchez toute tension dans le cou et les épaules en desserrant les muscles de la mâchoire et en laissant tomber vos épaules le plus possible pendant que la tension se dissout. Si vous avez de la difficulté à relaxer la zone de la mâchoire inférieure, pressez doucement le bout de la langue contre le haut de la bouche juste derrière les dents supérieures. Cela permet de détendre également les muscles autour des tempes et d'éloigner les maux de tête de tension.

SOURIEZ

Les muscles du visage sont un des principaux sièges de tension, laquelle se manifeste par un froncement perma-

À gauche : **LA LAVANDE EST UNE PLANTE RÉPUTÉE POUR SES PROPRIÉTÉS CALMANTES ET SÉDATIVES. INHALEZ DE L'HUILE ESSENTIELLE DE LAVANDE OU PLACEZ SOUS VOTRE OREILLER QUELQUES SACHETS DE CES FLEURS ODORANTES.**

nent. Ils sont la cause des maux de tête nerveux et de la formation des rides de soucis, ce qui ne favorise en rien le bien-être. La prochaine fois que vous sentirez monter la tension, pensez à quelque chose de positif et souriez, ce qui assouplira les muscles de votre visage.

Relaxer au boulot

Le lieu de travail est le premier suspect dans les cas de haut niveau de stress, à cause de nombreux facteurs qui échappent à notre contrôle. Les rumeurs de réduction de la main-d'œuvre, la pression accrue en raison d'échéances serrées, les changements impromptus effectués au niveau du personnel ainsi que les risques pour la santé, admis comme un fait dans tout bureau moderne à aires ouvertes avec air climatisé et chauffage central, ne sont que quelques-unes des réalités qui peuvent augmenter le taux de stress négatif au travail.

Devant les dangers d'un tel piège, il paraît sage de consacrer un peu de notre temps aux dispositions concrètes que nous pouvons prendre pour composer avec l'excès de stress au travail.

Les facteurs externes

ORGANISEZ VOTRE ESPACE DE TRAVAIL
Lorsque nous sommes tendus à l'extrême, une observation attentive de ce qui nous entoure peut être grandement révélatrice et nous être utile. Si nous sommes assiégés par un amoncellement de livres, de papiers et de courrier non ouvert — cela s'applique aussi au contenu de notre ordinateur — cette situation ne peut qu'accroître notre stress et notre anxiété. Cependant, si nous décidons de consacrer un peu de temps à organiser notre espace de travail, jetant tout ce qui n'est plus utile et classant ce qui l'est et qui s'est accumulé depuis des mois, nous en retirerons d'énormes bénéfices. Nous ressentirons un grand soulagement psychologique ; nous aurons l'impression d'avoir un plus grand espace de travail et nous serons capables, avec un minimum d'effort et sans la frustration habituelle, de repérer deux fois plus rapidement nos dossiers importants.

DÉLÉGUEZ
Une fois que nous aurons appris à garder notre charge de travail à l'intérieur de limites réalistes, nous serons en

Ci-dessus : LE « GRAND MÉNAGE » DE NOTRE ESPACE DE TRAVAIL PEUT AVOIR POUR EFFET DE RÉDUIRE CONSIDÉRABLEMENT NOTRE STRESS AU BOULOT.

mesure de confier certaines tâches à un tiers qui saura s'en occuper tout aussi bien que nous. En ne nous sentant plus obligés de contrôler chaque détail, nous aurons bien plus de chances d'accomplir avec succès la part de travail qui nous incombe directement.

ÉTABLISSEZ DES PRIORITÉS
L'art de déléguer repose sur ce principe des priorités, parce qu'il nous faut effectivement être en mesure de les établir avant de déterminer les tâches que nous devons accomplir nous-mêmes et celles qui peuvent être faites par une autre personne. La façon de procéder pour établir nos priorités au travail est une question de goûts personnels, mais l'une des meilleures techniques est encore la plus simple : dresser une liste de tout ce qu'il nous nous faut accomplir. Inscrire nos obligations et nos engagements sur le papier a pratiquement autant d'effets positifs que discuter de nos problèmes : écrire les points qui nous tracassent nous permet de nous les sortir de la tête et de les considérer avec un certain recul. Les tâches les plus importantes, qui requièrent le plus d'attention, devraient venir en tête de liste, et celles qui le sont moins, après. Il est aussi utile de noter quelles sont, parmi ces tâches, celles qui doivent être accomplies dans l'immédiat afin de les distinguer de celles qui peuvent être laissées en

des défis et à respecter des échéances sans avoir à laisser un tas de choses s'accumuler, lesquelles finiraient par nous submerger. En d'autres mots, avec un peu de connaissance de soi, il est possible d'inscrire nos engagements à l'intérieur des limites raisonnables d'un stress positif, évitant ainsi qu'ils aillent s'amonceler dans la zone du stress négatif.

Le but visé ici n'est pas de fuir des tâches rebutantes, mais plutôt de nous libérer des demandes qui nous causent un trop grand stress. À mesure que nous développerons cette aptitude à reconnaître nos limites, nous commencerons à ressentir un grand sentiment de liberté et nous pourrons composer plus efficacement avec les demandes réalistes qui nous sont présentées.

Il se peut que nous éprouvions des difficultés à déléguer certaines tâches, surtout au début. Cependant, les premiers malaises de la nouveauté passés, alors que nous prenons de l'assurance dans l'organisation de notre charge de travail, il se peut que nous soyons agréablement surpris de constater à quel point le fait de savoir déléguer a diminué radicalement et très rapidement notre niveau de stress.

PASSEZ À L'ACTION

La procrastination — attendre à la dernière minute pour effectuer des tâches rebutantes mais inévitables — génère énormément de stress. La plus fâcheuse conséquence est que nous risquons d'oublier de nous acquitter de ces obligations sans cesse reportées. Elles vont en effet nous angoisser bien davantage en nous embarrassant et en nous culpabilisant. Ironiquement, le fait est bien connu, une fois que nous nous attaquons à ce pensum que nous reportions depuis des lunes, nous découvrons que la corvée est bien moins terrifiante que nous l'avions imaginé, et nous nous demandons pourquoi nous avons attendu si longtemps avant d'agir.

Si le fait de passer à l'action s'avère un antidote puissant contre le stress négatif, remettre sans cesse à plus tard est une des plus grandes causes de ce type de stress.

Comme nous allons le voir, les émotions négatives, tels les sentiments de culpabilité et l'anxiété, jouent un rôle important dans l'augmentation de notre fardeau de

attente pendant quelque temps. Dès que vous avez achevé une tâche, rayez-la de la liste : vous serez surpris de l'effet thérapeutique que vous procurera le fait de voir la liste raccourcir.

ÉVALUEZ BIEN VOS CAPACITÉS

L'aptitude la plus importante dans la gestion du temps et du stress est aussi l'une des plus difficiles à maîtriser : la capacité de dire non aux demandes déraisonnables. Rien ne cause autant d'anxiété et de stress que de se savoir engagé dans une tâche dont l'échéance semble impossible à rencontrer. Dans une telle situation, il nous faut ou bien exprimer ouvertement et franchement notre incapacité à répondre à la demande en temps voulu, ou bien négocier une date plus réaliste avec laquelle nous serons plus à l'aise pour effectuer le projet en question.

Pour y arriver, nous devons évaluer de façon précise le maximum de charge de travail que nous pouvons entreprendre tout en demeurant productifs et efficaces. Une fois que nous avons acquis cette aptitude, nous pouvons éprouver du plaisir et de l'enthousiasme à relever

stress. Il en ressort que pour mener à bien une opération antistress, la lutte à la procrastination est une priorité.

PERSONNALISEZ VOTRE DÉCOR

Prenez un moment de recul et observez le lieu dans lequel vous travaillez en ce moment. Si vous êtes frappé par son aspect terne et impersonnel, sachez que cela peut nuire à votre inspiration et vous stresser à votre insu. Faire l'effort de procéder à de petits changements s'avère souvent efficace ; c'est du temps bien investi qui aura probablement pour effet de vous remonter le moral et de vous apaiser tout en vous donnant plus de cœur à l'ouvrage. N'en faites pas trop, choisissez simplement quelques objets qui vous inspirent : par exemple, la photo d'un lieu, d'une personne ou d'un animal que vous aimez (ou une photo des trois ensemble, si vous êtes extrêmement chanceux), une petite sculpture, un presse-papiers et une plante. Vous pourriez choisir aussi des objets pratiques : une collection de livres sur la croissance personnelle ou un diffuseur qui peut être utilisé comme réducteur de stress ou pour répandre dans l'air des huiles essentielles énergisantes quand vous avez besoin d'une petite poussée d'énergie. Toutefois, tenez-vous-en à la simplicité : en faire trop aurait pour effet de vous encombrer et augmenterait votre tension ainsi que votre impression d'être submergé.

PURIFIEZ L'AIR ENVIRONNANT

Beaucoup de personnes doivent subir la pression d'un bureau à aires ouvertes, ce qui peut s'avérer stressant à plus d'un titre. L'effet cumulatif des bruits peut être extrêmement dérangeant, tout comme l'absence d'intimité lors de conversations téléphoniques exigeant de la concentration. Les produits toxiques utilisés par les machines et les photocopieuses et l'exposition aux basses radiations émises par les écrans d'ordinateur sont reconnus comme une source de stress physique parce qu'ils surchargent le système immunitaire. Si, à ce cocktail, nous ajoutons les problèmes qui surviennent à la suite d'un mauvais fonctionnement de l'air climatisé ou du système

de chauffage central, ne nous étonnons pas que plusieurs d'entre nous souffrent des effets du syndrome des édifices malsains. Ces symptômes comprennent toutes sortes de malaises, qui vont des maux de tête nerveux fréquents aux infections persistantes.

Tout déprimant que soit ce tableau, nous disposons de moyens pour diminuer les effets négatifs liés au fait de travailler dans un édifice moderne. Investir dans un bureau ionisé peut nous épargner cette impression d'être au ralenti et d'avoir l'esprit embrouillé. Par ailleurs, la présence de plantes peut désamorcer certains des effets les plus négatifs des basses vibrations associées aux appareils électriques. Si l'utilisation d'un brûleur d'huile essentielle n'est pas pratique au travail (ce n'est pas tout le monde qui l'apprécie), inhaler des huiles aromatiques déposées sur un tissu est un moyen simple et inestimable d'éclaircir ses idées. Plus important que tout, allez faire une marche au grand air à l'heure du lunch, plutôt que de vous contenter d'avaler un sandwich en travaillant. Non seulement ces quelques minutes au grand air vous

À droite : LES HUILES ESSENTIELLES DONT LES PROPRIÉTÉS SONT VIVIFIANTES OU APAISANTES PEUVENT ÊTRE UTILISÉES TANT À LA MAISON QU'AU TRAVAIL DANS UN DIFFUSEUR CONÇU À CET EFFET. CES HUILES CONTRIBUENT À ÉQUILIBRER NOTRE HUMEUR ET NOTRE ÉNERGIE.

accorderont un répit appréciable, mais elles vous permettront d'activer vos muscles restés longtemps inactifs.

Facteurs internes

RELÂCHEZ LA TENSION

Lorsque nous travaillons toute la journée assis à un bureau, le stress et la tension physique se concentrent généralement dans le cou et les épaules, et cela s'aggrave si nous sommes rivés à un écran d'ordinateur pendant des heures. Les exercices de rotation du cou constituent un des meilleurs moyens de réduire les raideurs et la tension dans le haut du corps, et ils peuvent se faire n'importe quand. Abaissez la tête jusqu'à ce que le menton touche légèrement le haut de la poitrine. Laissez la tête rouler vers la droite et, portée naturellement par son poids, laissez-la revenir vers l'arrière, puis poursuivez le même mouvement vers la gauche jusqu'à ce qu'elle repose légèrement de nouveau au centre de la poitrine. Répétez le même mouvement circulaire mais, cette fois, de gauche à droite. Les exercices de haussements d'épaules peuvent aussi aider à évacuer le stress et la tension ; ils sont particulièrement efficaces après qu'on a effectué les rotations du cou. Levez lentement les épaules, le plus haut possible, vers les oreilles, puis laissez-les retomber vers l'arrière. Répétez le mouvement en sens inverse, en les haussant le plus possible, et laissez-les retomber à leur position initiale.

FAITES LE PLEIN D'ÉNERGIE

La respiration nasale avec alternance des narines est une excellente technique utilisée dans la pratique du yoga pour clarifier l'esprit ; elle dissout le stress et procure un regain d'énergie psychique, émotionnelle et physique. Commencez par plier les trois doigts de la main droite, du milieu vers la paume, en gardant le pouce et le petit doigt levés. Appuyez doucement le pouce contre la narine droite et respirez par la narine gauche en comptant jusqu'à quatre. Puis bloquez les deux narines en appuyant le petit doigt sur la narine gauche, et retenez votre souffle en comptant jusqu'à quatre. Enlevez votre pouce et expirez par la narine droite avec le même décompte. Faites une pause, puis répétez le cycle, en commençant cette fois avec la narine par laquelle vous venez d'expirer. En répétant le processus quatre fois, avec chaque narine, vous constaterez que votre esprit est beaucoup plus clair et plus concentré.

RELAXEZ UN MOMENT

Supprimez un peu de tension et de stress sur votre visage en fermant les yeux quelques instants, pendant que vous relâchez consciemment les muscles de la mâchoire, du cou et des épaules. La technique des paumes des mains sur les yeux, telle qu'elle est décrite à la page 38, peut aussi aider à soulager la tension dans les yeux et détendre les muscles du visage. Lorsque vous travaillez pendant de longues périodes devant un écran d'ordinateur ou quand vous passez des heures à déchiffrer des documents compliqués, vous devriez faire des pauses fréquentes et cligner des yeux régulièrement. Fixer un écran pendant une longue période de temps provoque une tension dans les yeux, qui deviennent secs et injectés de sang. Le clignement peut aussi prévenir les maux de tête dus à la fatigue et la tension oculaire.

Ci-dessous : **LA TECHNIQUE DES « PAUMES DES MAINS SUR LES YEUX » PEUT ÊTRE UTILISÉE POUR RELAXER À LA FOIS LES YEUX ET LES MUSCLES DU VISAGE.**

Le plan détente à la maison

La plupart des principes de base qui sous-tendent les techniques du plan détente recommandées pour le lieu de travail peuvent, si on leur ajoute un peu de flair et d'imagination, s'appliquer à la maison. Ranger, déléguer les corvées ménagères, mieux organiser son environnement de travail et passer à l'action positive plutôt que de se livrer indéfiniment à la procrastination : tout cela, dans l'optique antistress, vaut autant pour la maison que pour le bureau.

Cependant, quelques mesures pratiques supplémentaires peuvent être prises pour faire de notre maison un refuge où le stress négatif est désamorcé et non pas installé à demeure.

LA TRANQUILLITÉ

Nous avons tous besoin d'un espace où nous pouvons nous retirer quand la vie devient trop difficile. C'est particulièrement vrai lorsque nous sommes aux prises avec des tensions, aussi bien familiales que professionnelles. Les besoins conjugués de jeunes enfants et de parents âgés créent une combinaison lourde qui nous donne le sentiment profond d'avoir bien peu de place pour soi. Même s'il est possible de créer cet important espace de liberté dans notre tête à l'aide de la pratique régulière des techniques de relaxation et de méditation, nous avons aussi besoin de trouver un espace physique nous procurant le calme et la paix. N'importe quelle pièce de la maison peut remplir ce rôle, mais l'une des pièces les plus faciles à transformer en sanctuaire de relaxation est la salle de bains. Après tout, à moins que vous n'ayez de très jeunes enfants, personne ne devrait vous suivre jusque-là. Au chapitre 5, on trouvera des conseils pratiques pour faire de la salle de bains un sanctuaire à l'abri du stress.

LES SONS

La musique peut s'avérer un atout puissant dans l'amélioration de l'humeur et le soulagement du stress. Il faut la choisir selon notre tempérament, sans nous limiter nécessairement aux pièces musicales de type nouvel âge. Bien que prêtant à controverse, certaines études ont avancé l'idée que l'exposition constante à une musique *heavy metal* puisse provoquer des sensations de négati-

Ci-dessus : **LA SALLE DE BAINS – PLUS QUE TOUTE AUTRE PIÈCE DE LA MAISON – SE PRÊTE NATURELLEMENT BIEN AUX ACTIVITÉS DE RELAXATION.**

visme et de dépression chez les gens sensibles. Par ailleurs, la musique baroque semblerait produire l'effet contraire. Évidemment, cela ne signifie nullement que nous devrions éviter la musique rock et nous limiter à l'audition de pièces classiques. Il faut simplement choisir une musique qui favorise un état émotionnel équilibré, nous met de bonne humeur et nous relaxe.

LA LUMIÈRE

L'importance d'une exposition à la lumière naturelle pour réduire les symptômes de dépression et d'anxiété a retenu beaucoup l'attention au cours de la dernière décennie. Dans un documentaire diffusé à la télévision britannique et portant sur une famille qui a fait l'expérience de vivre dans une maison des années 1940, l'importance de la lumière est ressortie de manière fascinante. Dans cette maison, les rideaux cachaient la lumière du jour, ce que, fait très révélateur, les occupants de la maison ont trouvé extrêmement déprimant en plus d'en retirer une impression de claustrophobie. Ce qui prouve à quel point nous tenons pour acquis l'abondance de lumière dans nos maisons modernes : tant que nous n'en sommes pas privés, nous n'en apprécions pas vraiment les effets positifs.

Si notre maison bénéficie peu de la lumière du jour, nous devrions songer à installer des ampoules qui imitent la lumière naturelle. De même, le soir, plusieurs personnes peuvent se sentir déprimées ou tristes dans une chambre trop sombre. Les installations électriques fixes de couleurs claires peuvent faire beaucoup pour créer un effet requinquant. Par ailleurs, d'autres apprécieront la douceur d'un éclairage de faible intensité, lui trouvant un effet plutôt apaisant.

Nous pouvons atténuer le stress de devoir nous lever tôt en utilisant une lumière de chevet qui produit le même effet que la lumière de l'aube, augmentant progressivement d'intensité. Certains modèles sont même agrémentés d'un enregistrement de chants d'oiseaux. Durant la soirée, lorsque nous nous sentons stressés et tendus, pourquoi ne pas allumer une bougie parfumée d'une huile essentielle relaxante comme la lavande ou la rose ?

ODEURS ET PARFUMS

Il a été démontré que les parfums et les arômes naturels agissent puissamment sur notre humeur et notre état d'esprit. Nous avons tous expérimenté l'effet que produisent instantanément certaines odeurs captées au passage et qui évoquent le souvenir précis d'un endroit, d'une personne ou d'une expérience marquante. Nous revivons alors les émotions qui s'y rattachent comme si nous étions transportés dans le passé. Et tout cela, rien que par la magie d'un effluve capté au passage.

Comme les odeurs peuvent être repoussantes ou attirantes, il est naturel de vouloir nous entourer de celles qui produisent un bon effet sur nous. Notre choix peut être déterminé par l'humeur du moment, de sorte qu'il faut être prêt à faire les changements appropriés. Par exemple, si nous commençons la journée confus et au ralenti, l'effluve d'une huile essentielle à base d'agrumes,

À droite : LE CHOIX DE L'AMEUBLEMENT ET DES COULEURS AU MOMENT DE DÉCORER PEUT TRANSFORMER NOTRE FOYER EN SANCTUAIRE ANTISTRESS.

À gauche : **POUR MAXIMISER L'EFFET RELAXANT, VOUS POUVEZ AJOUTER DES HUILES ESSENTIELLES À L'EAU CHAUDE DE VOTRE BAIN.** Ci-dessous : **DANS LA MAISON, DES COULEURS INSPIRÉES DES FEUILLAGES ET DU BOIS ÉVOQUENT LA SÉRÉNITÉ D'UNE PROMENADE DANS LA FORÊT.**

couleurs invitent à la sociabilité tandis que d'autres, plus discrètes, nous plongent dans la contemplation. Les groupes de couleurs qui nous attirent en disent long sur notre personnalité. Et tous les jours, nous avons à choisir des couleurs, celles des vêtements que nous portons ou des éléments de décoration de notre maison.

Lorsque nous sentons que nous avons besoin de calme et d'apaisement, nous entourer de tons de bleu peut nous être grandement bénéfique. Le pourpre et l'orangé, au contraire, sont considérés comme des couleurs énergisantes tandis que le jaune est un remontant pour le moral ; le vert, selon plusieurs, aiderait à équilibrer nos humeurs. Comme toujours, nous devrions suivre notre instinct et harmoniser nos choix avec nos préférences. Après tout, il y a peu à gagner à nous entourer de nuances de vert qui sont censées équilibrer l'humeur si nous détestons le vert.

tel le pamplemousse, ou encore la rafraîchissante menthe poivrée ou le romarin, peut faire beaucoup pour nous requinquer et nous revitaliser. La bergamote – une autre huile à base d'agrumes — possède ce même effet stimulant. Par ailleurs, si nous nous sentons inconstants ou facilement irritables, l'utilisation d'huiles équilibrantes pour l'humeur, comme l'ilang-ilang, le géranium ou la sauge sclarée, peut être encore plus bénéfique. Entre-temps, à défaut, l'huile essentielle de basilic, qui aide à la concentration, pourrait aussi être utilisée comme arôme dissipant le stress ; elle peut favoriser la concentration d'une personne paralysée par l'indécision comme un lapin devant les phares d'une automobile.

De nos jours, il existe de nombreux produits à base d'huiles essentielles pour la douche et le bain, et tout autant de bougies parfumées ; faire brûler des huiles essentielles dans un diffuseur conçu à cet effet est aussi une excellente idée.

LES COULEURS

Nous sommes nombreux à savoir d'instinct que les couleurs peuvent influencer notre état d'esprit : les unes nous stimulent et nous tonifient, les autres nous apaisent et nous plongent dans un état de bonheur. Certaines

Affronter nos démons : déjouer l'autosabotage

Le fait d'aborder certaines situations de manière négative nous impose toujours une lourde charge de stress. Les réactions comme l'anxiété, la culpabilité, le ressentiment et la colère réprimée ne nous sont d'aucune utilité lorsque vient le moment de résoudre des conflits ; en réalité, c'est justement le contraire qui se produit : ces réactions négatives nous empêchent carrément d'envisager la situation selon une perspective émotionnelle équilibrée.

À cause du déséquilibre négatif que ces émotions traînent dans leur sillage, nous allons probablement découvrir que, lorsque survient une crise, nous réagissons parfois de manière à compliquer les problèmes et à les rendre inextricables. Si, par ailleurs, nous prenons l'habitude d'adopter un point de vue psychique et émotionnel plus positif, nous réaliserons que les solutions se présentent à la fois plus aisément et plus rapidement. Cela nous procurera de l'assurance, nous permettant ainsi de passer à l'action de manière plus affirmée. Et nous serons bientôt emportés dans la spirale positive que nous avons créée et qui peut jouer un rôle important en ce qui a trait à la réduction du stress dans notre vie.

La colère réprimée

Même si bon nombre d'entre nous ne sont pas à l'aise avec la colère, force est de reconnaître que lorsqu'elle est bien placée et justifiée, le fait de la laisser s'exprimer peut s'avérer une expérience extrêmement positive et libératrice. À l'inverse, réprimer continuellement la colère ou perdre sans cesse son sang-froid pour des vétilles peut avoir un effet extrêmement négatif sur la personnalité. Une violente colère mal contrôlée peut nous rendre extrêmement vulnérables au ressentiment, à l'aigreur et — éventuellement — à la dépression, ce qui n'a rien pour nous aider dans nos tentatives de maîtriser le stress négatif.

S'il vous faut admettre que vous êtes dans un état permanent d'irritabilité à la maison et au travail, il y a fort à parier que vous réprimiez un lourd sentiment de colère enfoui dans votre passé, probablement associé à un problème beaucoup plus important et non résolu. La prochaine fois que vous serez sur le point de faire une colère noire, arrêtez-vous et analysez ce que vous ressentez réellement à ce moment-là, ce sera certainement révélateur et utile. Vous allez probablement découvrir que votre réaction est disproportionnée par rapport à l'élément déclencheur. Une fois que vous aurez pris le temps de vous demander pourquoi, sur le coup, vous réagissez si violemment à un problème, vous pourrez remonter plus facilement aux sources profondes de ce comportement. Et quand

Ci-dessus : **Vous pouvez donner libre cours à votre feu intérieur : exprimée de façon appropriée, la colère peut être libératrice, consumant blessures et doléances.**

vous pouvez faire cela, une précieuse occasion vous est donnée d'exprimer légitimement votre colère à propos de la situation initiale.

Le secret d'une colère saine et bien canalisée réside dans la capacité de s'affirmer plutôt que dans la satisfaction de s'emporter impulsivement. En adoptant une attitude affirmée, nous pouvons réagir de manière appropriée à une situation stressante. Le résultat de cette réaction, lorsqu'elle est soigneusement pesée et équilibrée, multiplie nos chances que l'issue soit positive et nous empêche de perdre notre sang-froid.

La première règle dans l'art de s'affirmer est d'apprendre à dire ce que nous pensons d'une manière claire, énergique et constructive. Il est toujours bon de se souvenir qu'une attitude ferme se situe complètement à l'opposé d'une attitude agressive ; car la colère nous empêche de dominer une situation et, en conséquence, nous enlève du pouvoir. Une fois que nous nous laissons aller à la colère, il nous est impossible de considérer quelque situation que ce soit d'une manière juste ; au lieu de cela, nous sommes portés à réagir exagérément à la moindre provocation. Il est vrai que se montrer continuellement d'une humeur à faire sauter les plombs est extrêmement exténuant. Considérez seulement à quel point une scène de colère est épuisante et imaginez ce qu'elle peut produire, sur une base régulière, au niveau de l'énergie.

Comment s'affirmer

Trois éléments essentiels devraient entrer en jeu chaque fois qu'une situation exige la capacité fondamentale de s'affirmer :

- Analyser l'aspect problématique le plus objectivement, succinctement et honnêtement possible.
- Exprimer ce que l'on ressent très clairement, éviter le piège de blâmer quelqu'un d'autre, de faire étalage de supériorité et de se poser en juge.
- Suggérer une ligne de conduite susceptible de corriger ou de changer positivement la nature du problème.

La culpabilité

La culpabilité est une autre de ces émotions sources de stress parmi les plus négatives et les plus inhibitrices qui soient et susceptibles de nous faire souffrir, surtout si nous nous punissons sans raison en entretenant des sentiments de culpabilité disproportionnés par rapport au fait en cause. Il est souvent utile de faire un retour dans le passé afin de vérifier si notre penchant à nous sentir coupables ne viendrait pas de notre enfance.

Essayons de nous rappeler de quelle manière nous ont traités nos parents, nos frères et nos sœurs, nos amis et nos amants. Nous sentions-nous valorisés, choyés, considérés comme importants ? Ou nous a-t-on fait nous sentir constamment surveillés, critiqués et dépréciés ? Malheureusement, si nous avons eu l'impression de ne jamais vraiment atteindre les standards que d'autres avaient fixés pour nous, il est fort possible que nous ayons continué de lutter pour atteindre cette perfection afin de gagner l'amour et l'attention dont nous avons été privés. En vérité, personne n'étant parfait, tous les êtres humains sont destinés à n'atteindre que partiellement cet idéal que nous recherchons toujours. Et chaque fois que surgit cette évidence, nous sommes préprogrammés pour réagir par de douloureux sentiments de culpabilité et d'inefficacité.

Si nous voulons entreprendre un changement positif sur ce plan, il nous faut briser le cycle d'autopunition en nous libérant des modes de réactions émotionnelles qui jusqu'à maintenant nous allaient comme une seconde peau. Au début, ce sera certainement douloureux, mais une fois familiers avec les nouvelles sensations que nous procurera la victoire sur les idées préconçues qui se sont enracinées en nous-mêmes sur notre propre compte, nous n'aurons nulle envie de revenir en arrière.

Si notre sentiment de culpabilité s'avère particulièrement rébarbatif aux changements, il peut être bon de recourir à un soutien et un suivi professionnels pour avancer. Chercher de l'aide et ne pas s'en sentir coupable équivaut à faire un premier pas. Un soutien constructif approprié peut dans ce cas être obtenu auprès d'un thérapeute cognitif, formé pour encourager le patient à identifier lui-même certains modes de comportements émotionnels bien ancrés. Une fois que nous comprenons comment fonctionnent ces mécanismes, nous sommes libres de choisir nos réactions.

Vaincre la culpabilité

Faire obstacle aux sentiments de culpabilité injustifiés et sans rapports avec la réalité implique la mise en pratique des mesures suivantes :

- La prochaine fois que vous vous sentirez envahi par un sentiment de culpabilité, essayez de regarder objectivement la situation et demandez-vous le plus honnêtement possible si toutes vos émotions négatives à ce sujet sont justifiées. Vous allez probablement découvrir que vous avez fait pour le mieux dans les circonstances. D'autre part, avec l'avantage du recul, vous pouvez avoir l'impression que vous auriez pu agir différemment et, par conséquent, décider de mettre à profit cette réflexion quand se présenterait une situation semblable à l'avenir.

- Si les sentiments de culpabilité que vous ressentez se rapportent à un problème ou à un individu en particulier, il serait sans doute bon d'étudier la situation de plus près. Il se peut qu'après réflexion vous décidiez d'entreprendre une action plus positive pour trouver une solution à cette situation, mais il peut également s'avérer évident qu'en réalité vous faites le maximum pour trouver une issue positive sans pouvoir obtenir des autres la collaboration dont vous avez besoin pour y arriver.

- Visez une plus grande confiance en vous-même en reconnaissant vos qualités positives. Quelqu'un vous fait-il un compliment ? Prenez-le au mot et acceptez-le au lieu d'y chercher quelque intention négative. Quand les choses vont bien dans votre vie, essayez de jouir de l'instant présent et de vous en délecter un peu. Et, par-dessus tout, extirpez tout ce qui peut vous rester de croyance en l'adage voulant qu'après le rire viennent les larmes.

À droite : ENTREPRENDRE DE LÂCHER PRISE SUR LES SENTIMENTS NÉGATIFS DU PASSÉ QU'ON A TRAÎNÉS AVEC SOI NOUS REND LIBRES DE PROFITER DU PRÉSENT.

La peur

Éprouver fréquemment un sentiment de peur est extrêmement stressant. Comme on l'a déjà vu, le fait de vivre continuellement sous l'emprise du réflexe de lutte ou de fuite nous épuise, nous rend indécis et ne nous permet pas de fonctionner de manière concentrée et productive. La peur irraisonnée nous prive de nombreux plaisirs ; l'absence chronique de confiance en soi nous empêche d'établir des relations interpersonnelles et compromet notre avancement professionnel ; les phobies irrationnelles ne nous donnent pas l'occasion d'apprécier des plaisirs élémentaires — faire des voyages, participer à des activités sociales — ou de relever les défis fondamentaux de la vie ; quant à la peur excessive de vieillir, elle nous empêche d'apprécier le présent.

Certaines peurs apparemment insurmontables sont, de fait, assez faciles à maîtriser. Par exemple, parler en public pourra vous sembler terrifiant. Pourtant, même si vous n'avez jamais aimé être le centre d'attraction dans un groupe, en augmentant lentement et assidûment votre confiance en vous-même, vous allez graduellement augmenter votre estime personnelle et cette confiance fondamentale si, de votre propre chef, vous décidez de vous lever et de parler.

Ces peurs, toujours prêtes à ressurgir, nous viennent souvent de notre éducation. Il est triste de constater que nous sommes nombreux à avoir acquis involontairement des réflexes de peur lorsque nous étions enfants, plus particulièrement lorsque nos parents, pour nous semoncer, utilisaient des phrases telles que : « Si tu n'obéis pas, le Bonhomme sept heures va venir te chercher. » De pareilles menaces répétées à de jeunes enfants peuvent avoir un effet très négatif qui leur donnera l'impression que le monde est un endroit dangereux et effrayant où les attendent les pires dangers s'ils n'obéissent pas à leurs parents.

La peur peut aussi se communiquer inconsciemment à un enfant lorsque l'un de ses parents est lui-même aux prises avec des peurs et de l'anxiété chronique. Un parent qui perçoit le monde comme menaçant pourra transmettre cette croyance à son enfant si aucune mesure n'est prise pour enrayer cet engrenage.

Des expériences traumatisantes vécues à un âge impressionnable peuvent engendrer la peur. Être témoin d'un accident grave, d'un abus sexuel ou de quelque autre expérience violente risque de laisser des cicatrices susceptibles de faire de nous des adultes craintifs et angoissés.

À droite : LA PEUR PEUT NOUS PARALYSER AU POINT DE NOUS EMPÊCHER D'APPRÉCIER LA CHALEUR DE L'AMITIÉ.

Apprivoiser la peur

Des mesures positives peuvent être prises pour vaincre une peur irraisonnée :

• Lorsque des phobies particulières nous empêchent de vivre normalement, il vaut la peine de chercher une aide professionnelle – une thérapie behavioriste, par exemple. Les techniques de relaxation qui utilisent le contrôle de la respiration peuvent se combiner à cette thérapie.

• Les techniques de visualisation créatrice sont également une aide précieuse pour dissiper notre anxiété, car elles ont pour but de changer délibérément nos images négatives en images positives. Il s'agit d'imaginer une situation qui nous effraie habituellement, de faire apparaître à sa place une image agréable, ce qui a pour effet de modifier la situation et de présenter différentes manières de réagir positivement.

• Si nous sommes aux prises avec des sentiments d'anxiété continus liés au manque d'estime de soi, nous aurions intérêt à lire quelques bons ouvrages portant sur la connaissance de soi. Consultez à cet effet la section des lectures recommandées (*page 124*).

• Nous pouvons nous libérer des peurs irrationnelles qui nous ont été inculquées au cours de notre enfance grâce aux bienfaits d'une thérapie cognitive. En travaillant avec un thérapeute cognitif, nous sommes amenés à identifier les modèles négatifs de comportement qui ont si profondément influencé notre façon de voir la vie que nous en sommes devenus inconscients. Une fois ces schémas de pensée identifiés, nous avons le pouvoir de nous en libérer. Le thérapeute nous apprend à nous débarrasser de ces habitudes émotionnelles négatives issues du passé et nous montre comment progresser sans elles.

• C'est en affrontant les situations qui nous rendent nerveux ou nous effraient irrationnellement que nous pouvons nous libérer de la tyrannie de l'anxiété. Il importe de construire la confiance en soi lentement, mais sûrement, un petit pas à la fois, de manière qu'elle puisse croître à notre rythme, au fur et à mesure que nous avançons. Cette attitude prudente nous évite la déception, le regret et le sentiment d'échec causés par notre désir de voir trop grand et d'entreprendre trop à la fois.

La vie personnelle : les relations intimes

Un stress persistant et excessif agit sur la personnalité et peut nous conduire parfois à manipuler nos proches et à les traiter comme des souffre-douleur. Une trop forte pression au travail ou à la maison nous rend irritables avec les gens qui nous entourent, notamment avec notre conjoint, et nous porte à nous isoler, ce qui, si nous n'y prenons garde, risque de nous entraîner encore plus loin dans la spirale descendante du stress négatif.

En négligeant de traiter ce problème, notre relation sur le plan physique a peu de chances de s'épanouir et de se développer. Les ennuis et les conflits dans la chambre à coucher ne feront qu'empirer la situation, une vie sexuelle décevante accroissant le stress. Le plaisir et la jouissance dépendent fondamentalement de l'art de se relaxer. Conséquemment, l'impuissance et la diminution de l'excitation sexuelle — reconnus comme des problèmes reliés au stress — vont donc simplement faire monter la tension, ce qui est bien la dernière chose à souhaiter.

Les thérapeutes et les praticiens en médecines parallèles le savent, un pourcentage élevé des patients qui les consultent pour divers problèmes reliés au stress avouent avoir un niveau d'énergie — psychique, émotionnelle et physique — déplorablement faible. Le thérapeute peut en déduire sans l'ombre d'un doute que la libido du patient épuisé qui le consulte est à plat. Il est d'ailleurs fréquent que ce dernier lui confie être plus tenté par une invitation à prendre un verre ou un café que par la proposition d'un rendez-vous amoureux.

Mais tous les espoirs sont permis. La situation peut être avantageusement inversée, car aussitôt que le niveau d'énergie s'améliore, le sentiment d'être d'attaque revient, ce qui permet aux techniques de réduction du stress d'entrer en jeu. Souvenons-nous qu'une vie sexuelle enthousiaste, équilibrée et régulière, comme cela a été démontré, apporte une multitude de bénéfices — sans compter celui qui est évident — incluant un renforcement du système immunitaire et une diminution des symptômes reliés au stress. Il faut se rappeler la nécessité de la vigilance (essentielle, si l'on ne veut pas que la situation glisse davantage sur la pente de l'insatisfaction) et de l'action préventive. Voici quelques suggestions qui devraient vous aider à redonner vie à une relation chancelante.

SE PARLER

Presque toutes les ruptures qui surviennent dans les relations de couple résultent d'un manque de communication. Ne pas disposer de suffisamment de temps pour discuter des problèmes importants risque d'élargir le fossé qui s'est creusé entre deux partenaires. Si cela se produit, des petits problèmes pour ainsi dire sans importance peuvent commencer à s'amplifier jusqu'à devenir de plus grands problèmes, beaucoup plus difficiles à résoudre ; puis, malheureusement, ils risquent de rester en suspens encore plus longtemps et éventuellement de s'aggraver. L'astuce est d'accorder une priorité absolue au temps à passer ensemble : par exemple, faire un effort conscient pour se détendre avec son conjoint en prenant un verre à la fin de la journée plutôt que de s'installer devant la télévision ou de naviguer sur Internet

DU TEMPS POUR LES TÊTE À TÊTE

L'un des plus grands défis pour les conjoints ayant de jeunes enfants est de trouver du temps à se consacrer l'un à l'autre. C'est plus particulièrement vrai pour une famille dont les deux parents travaillent, parce que souvent, lorsque les enfants sont enfin couchés, tout ce qui leur reste à désirer est de tomber dans le lit conjugal et (s'ils sont chanceux) de s'endormir. Un des meilleurs moyens de raviver la passion dans les couples qui ont des responsabilités parentales est d'inscrire régulièrement à leur agenda un week-end en tête à tête, sans les enfants. Ce moment précieux favorise la spontanéité, pierre angulaire de toute relation que l'on veut garder vivante.

AVANCER À SON RYTHME

Soyez attentif à l'horloge de votre corps et évitez la tentation de faire l'amour à la fin de la journée en retenant ce moment comme une habitude ou une tradition. Certains d'entre nous trouveront peut-être que cette heure convient bien au rythme naturel de leur libido, mais d'autres choisiront la fin de l'après-midi, la jugeant plus excitante. L'organisation de tout cela peut requérir un brin d'ingéniosité, mais l'effort en vaut vraiment la peine. Songez aux Français et aux Italiens ! À quoi leur sert la sieste, pensez-vous ?

SE TOUCHER

Les partenaires qui entretiennent une relation à long terme ont souvent tendance à oublier de se toucher

mutuellement, si on fait exception des approches préliminaires de la relation sexuelle. Étreindre son partenaire, lui prendre la main ou poser le bras autour de ses épaules, voilà d'excellentes façons d'entretenir une intimité physique et de communiquer.

L'HUMOUR

Le sens de l'humour peut s'avérer une qualité très séduisante chez un partenaire ; l'éclat de rire spontané possède un grand pouvoir de rapprochement. Si éclater de rire à un moment inopportun peut tuer la passion, le rire qui fuse au bon moment peut aussi s'avérer un excellent antidote au stress. Après tout, si le sexe était toujours sérieux, ne serait-il pas mortellement ennuyeux !

LE DÉCOR

La chambre à coucher doit être un endroit sensuel qui invite à prendre plaisir aux sensations du toucher, de l'odorat et de la vue. L'imagination est un excellent guide en décoration,

*Ci-dessus : **AVEC UN PEU D'IMAGINATION, ON PEUT FACILEMENT FAIRE DE NOTRE CHAMBRE À COUCHER L'ENDROIT PARFAIT POUR UNE RENCONTRE AMOUREUSE.***

à condition qu'on ait aussi recours à un éclairage doux et discret et à des étoffes agréables pour les sens. En outre, une huile essentielle d'ilang-ilang, de jasmin ou de bois de santal peut être vaporisée et jouer un rôle antistress efficace ou être utilisée comme huile de massage que l'on fait pénétrer en douceur (à éviter, toutefois, si on a la peau sensible).

LES APHRODISIAQUES

Une variété d'aliments et d'épices sont réputés pour exciter les sens. Aussi aimerez-vous peut-être en inclure quelques-uns, ou tous, dans votre alimentation lorsque votre libido sera en chute libre, ou même si ce n'est pas le cas. Les asperges, les fruits de mer, le céleri, le panais, le gingembre et la cannelle ont tous la réputation d'accroître la libido.

4 Se nourrir : le plan alimentaire antistress

Il existe une relation étroite entre ce que nous mangeons et l'état de notre équilibre psychique et émotionnel, comme le reconnaissent de plus en plus les experts en nutrition. Quiconque a fait l'expérience de cette brève montée d'énergie qui suit la consommation de chocolat — ou de l'excitation nerveuse ressentie après avoir bu deux cafés espresso d'affilée — sait que certains aliments et certaines boissons peuvent avoir des effets surexcitants sur notre organisme.

Ce dont nous ne nous rendons pas compte, cependant, c'est que la fatigue ou l'irritabilité qui ne tardent pas à se manifester en sont les effets secondaires. Cela est dû en partie au déséquilibre chimique résultant, d'une part, de la stimulation que provoque une dose puissante de caféine et, d'autre part, de l'exposition aux produits chimiques stimulants contenus dans le chocolat : ces substances, reconnues pour créer la dépendance, poussent notre organisme à en redemander, peu de temps après. Ironiquement, c'est vers ces mêmes pis-aller que nous nous tournons instinctivement dans les périodes de stress et de grande tension.

De plus, le café et le chocolat provoquent un effet déstabilisateur sur notre taux de sucre dans le sang. Le présent chapitre met en lumière l'importance d'en maintenir la stabilité afin de jouir d'un bien-être psychique et émotionnel et de profiter d'une vitalité maximale ; il démontre aussi le rôle crucial que joue la régulation du taux de sucre dans le sang pour prévenir les problèmes reliés au stress. À bien des égards, un taux sain est la clé essentielle de notre capacité à encaisser les coups durs de l'existence.

Dans ce chapitre, nous apprenons à écarter de notre alimentation les aliments et les boissons qui augmentent notre charge de stress négatif et, en même temps, nous apprenons à identifier les composantes diététiques qui calment et apaisent notre esprit, nos émotions et notre organisme.

Ne vous affolez pas en imaginant un régime pénible et austère. Les conseils qui suivent ont été élaborés pour que le manger et le boire soient autant un enchantement pour les sens qu'une nourriture pour le corps. Aussi, ces recommandations ont-elles été conçues de façon que nous puissions élaborer un régime alimentaire varié, souple et délicieux, qui ne risque pas de nous laisser affamés et dépourvus quant aux choix.

Plus important encore, les suggestions diététiques présentées ici sont faciles à appliquer par ceux d'entre nous qui ont un mode de vie exigeant et stressant. Les postes importants, qui laissent peu de temps pour la préparation des repas ; les exigences nombreuses et variées d'une vie familiale ; la nécessité de se rabattre parfois sur les plats précuisinés ; et le besoin élémentaire de s'offrir, à l'occasion, un petit extra : tout cela a été pris en considération. Bon appétit !

À gauche : **Le taux de sucre dans le sang réagit plus positivement aux céréales et aux pains non raffinés et complets qu'au pain blanc fait d'ingrédients traités.**

Aliments et boissons qui réduisent le stress

ALIMENTS RICHES EN PROTÉINES
Poisson, poulet ou légumineuses combinées aux céréales

Consommés en petites quantités et sur une base régulière, les aliments riches en protéines stimulent la production de dopamine dans le corps, laquelle peut se transformer en adrénaline dans les moments de stress, nous procurant ainsi une petite dose d'énergie appréciable.

LES GLUCIDES COMPLEXES
Le riz brun, les pommes de terre et les produits complets, comme le pain, les pâtes et les céréales

Lorsque nous sommes stressés, nous devrions toujours choisir les glucides complexes plutôt que d'autres produits semblables mais raffinés. Les glucides complexes se transforment en énergie à un rythme soutenu, alors que les glucides raffinés nous fournissent une abondance de sucre qui, très vite, nous laisse épuisés, d'humeur grincheuse et l'esprit brouillé.

LES ALIMENTS RICHES EN VITAMINES B
Des aliments qui constituent une source riche de vitamines du complexe B

Les aliments riches en vitamines du complexe B ont un rôle important à jouer pour épauler notre système nerveux lors des périodes pendant lesquelles le stress est à son maximum. La levure de bière, les produits laitiers, les grains entiers, les légumes verts et feuillus ainsi que les fruits de mer sont tous riches en vitamines B.

LES BANANES

Les bananes sont une source importante d'acide aminé tryptophane, un antidépresseur naturel.

LES AVOCATS, LES ORANGES, LES PRODUITS LAITIERS ET LA LAITUE

Communément considérés comme ayant un effet sédatif, ces aliments nous aident à nous détendre lorsque nous sommes en colère. Peut-être est-ce dû au fait qu'ils contiennent du brome, qui agit sur l'organisme comme un décontractant naturel.

L'INFUSION DE CAMOMILLE

L'infusion de camomille est une des boissons les plus apaisantes et les plus calmantes qui soient. À cause de son effet soporifique, nous devrions en faire notre préférée à l'heure du coucher. Si nous sommes vraiment stressés et éprouvons de la difficulté à dormir, il est fortement recommandé de prendre un bain chaud parfumé d'une forte infusion de fleurs de camomille : laissons-en tomber quelques sachets sous le robinet d'eau chaude pendant que la baignoire se remplit.

LES FRUITS FRAÎCHEMENT PRESSÉS ET LES JUS DE LÉGUMES

Les jus de fruits et de légumes jaunes, orange, vert foncé ou rouges sont une riche source de nutriments antioxydants qui jouent un rôle capital dans le renforcement de notre système immunitaire en période de stress.

DE L'EAU MINÉRALE OU FRAÎCHEMENT FILTRÉE, EN ABONDANCE

Nous sommes fréquemment déshydratés à divers degrés. Pour prévenir cet état, il est recommandé de boire au moins cinq grands verres d'eau chaque jour. Les symptômes de la déshydratation ordinaire sont souvent semblables à ceux des problèmes reliés au stress : maux de tête, constipation et problèmes de peau, par exemple.

Les aliments et les boissons qui augmentent le stress

LES PLATS PRÉCUISINÉS
Les plats précuisinés contiennent de grandes quantités d'agents de conservation, d'essences et de colorants chimiques

Consommés sur une base régulière, les plats précuisinés imposent à l'organisme un lourd fardeau toxique. Certains additifs qu'on y trouve fréquemment, tel le glutamate de monosodium (GMS), peuvent intensifier les maux de tête reliés au stress ainsi que les symptômes d'allergie.

LES ALIMENTS ET BOISSONS SATURÉS DE SUCRE RAFFINÉ
Les gâteaux, biscuits, boissons gazeuses et sucreries

On sait que le sucre raffiné (blanc) déclenche des poussées d'énergie erratiques et qu'il contribue à la fatigue et à l'affaiblissement du système immunitaire. Les réactions les plus courantes à un excès de sucre sont des étourdissements et un manque de concentration.

LE CAFÉ, LE THÉ ET LES BOISSONS GAZEUSES CONTENANT DE LA CAFÉINE

La caféine est une drogue qui devrait être traitée avec circonspection en tout temps ; de par sa nature, elle crée une forte dépendance et peut provoquer l'insomnie, l'agitation et l'irritabilité. En outre, l'état de manque de caféine prédispose à des maux de tête sévères, souvent accompagnés d'étourdissements et de nausées. Le thé contient un peu moins de caféine, mais suffisamment pour causer les mêmes problèmes si on en boit régulièrement. Toutes les boissons contenant de la caféine ont des propriétés identiques — à un degré plus ou moins élevé.

LE CHOCOLAT

Manger trop souvent ou en trop grande quantité de cet aliment si délicieux et faussement réconfortant qu'est le chocolat occasionnera des problèmes similaires à ceux que provoque la dépendance à la caféine, car ses ingrédients de base sont le sucre et la caféine.

L'ALCOOL

Bien que l'alcool puisse aider à se détendre, une consommation élevée à long terme provoquera des troubles de sommeil, des problèmes digestifs, des maux de tête, des changements d'humeur et un manque de concentration. De plus, l'alcool impose un fardeau toxique à notre système immunitaire.

LA NICOTINE

La nicotine agit rapidement et tend à rendre le fumeur plus relaxe ou plus alerte ; mais dès qu'il est en état de manque, il ressent de l'irritabilité et une faible concentration, et il voit son appétit augmenter. On peut affirmer sans risque de se tromper que les effets à long terme de la cigarette sont semblables à ceux que provoque le stress. Il est reconnu que fumer des cigarettes régulièrement — peu importe le nombre — augmente les risques de souffrir de maladies reliées au stress, comme les maladies cardiaques.

Manger pour vaincre le stress

Établissons ici les limites nutritionnelles à l'intérieur desquelles il faudra rester. Il se présentera inévitablement des occasions où ces limites seront difficiles à respecter. Quoi qu'il arrive, ne vous tourmentez pas : un écart occasionnel n'entraînera nul dommage majeur ou durable.

En suivant ce conseil élémentaire, vous constaterez rapidement que non seulement vous composez mieux avec le stress quotidien, mais aussi que votre état de santé et votre vitalité en tirent de grands bénéfices. Ces maux de tête fréquents reliés au stress, ces infections mineures récurrentes et ces problèmes de digestion ne seront bientôt plus pour vous que de vagues souvenirs.

Variété

Pour éviter l'ennui, usez de créativité en ce qui concerne vos repas : tentez de varier vos habitudes alimentaires en vous laissant guider par vos papilles gustatives.

Si vous êtes un amateur de viande, essayez de réduire votre consommation de viande rouge au profit de la volaille et de la dinde. Également, rompez avec la routine et variez votre plaisir en prenant un repas sans viande à teneur élevée en protéines au moins une fois la semaine : un ragoût ou un curry faits d'une combinaison de légumineuses et de haricots avec du riz brun, par exemple.

Remplacez, quatre jours sur sept, les desserts riches par des fruits frais et des yogourts biologiques. Buvez un verre de vin, si vous en avez envie, et beaucoup d'eau minérale. Une bonne infusion de camomille avant le coucher favorisera la détente et un sommeil profond.

Rappelez-vous qu'il est inutile d'essayer de suivre à la lettre ces conseils si, pour y arriver, vous devez vous stresser. Cela peut exiger quelque temps avant de pouvoir intervertir le lunch du midi, qui coïncide avec un rendez-vous d'affaires, et le repas du soir ; et il pourra vous arriver d'avoir envie de boire un vrai café au milieu de l'avant-midi plutôt que durant l'après-midi.

À droite : FAITES-VOUS UNE RÈGLE D'OR DE PRENDRE UN PETIT-DÉJEUNER CHAQUE MATIN, POUR ÉVITER LA CHUTE D'ÉNERGIE DU MILIEU DE LA MATINÉE.

Des menus sans stress

LE PETIT-DÉJEUNER
Votre premier repas de la journée devrait être constitué de glucides complexes, consommés sous forme de céréales avec du lait partiellement écrémé, des rôties de pain complet, un peu de beurre, des confitures ou du miel. Des fruits frais fourniront un précieux apport en fibres et en nutriments antioxydants (les jus de fruits fraîchement pressés contiennent des nutriments mais pas de fibres). En hiver, vous pourriez aussi apprécier, à l'occasion, un œuf poché ou brouillé d'une poule élevée en plein air. Pour un goût plus riche et une texture plus ferme, essayez des œufs de canards élevés librement.

EN MILIEU DE MATINÉE
Un morceau de fruit et un thé aux fruits ou une tisane vous donneront de l'énergie. Ou buvez un autre verre de jus de fruits ou de légumes fraîchement pressés.

LE REPAS DU SOIR

Votre repas du soir peut être aussi varié que vous le désirez. Choisissez n'importe quelle sorte de poisson (poché
et apprêté) et mangez-le avec une grande quantité de
salade durant l'été, que vous remplacerez durant l'hiver
par de généreuses portions de légumes vert foncé,
orange et rouges, accompagnés de pommes de terre ou
de riz brun. Choisissez un poisson gras (du maquereau, du
saumon ou des sardines fraîches) — le meilleur pour la
santé — ou optez pour la morue, le thon ou l'espadon.
Pour varier le menu, la volaille, le poulet et la dinde sont
de bons choix, mais efforcez-vous d'acheter un volatile
élevé en liberté. Un bon plat de pâtes agrémentées d'une
de vos sauces préférées et saupoudrées de noix de pin
moulues, de graines de sésame ou de croûtons est une
bonne solution de rechange, surtout si vous êtes végéta-
rien.

À gauche : **UNE SOUPE MAISON CONSTITUE UN REPAS À LA FOIS
NOURRISSANT ET VITE FAIT.** Ci-dessous : **FAITES PREUVE D'IMAGINATION
DANS VOTRE CHOIX DE LÉGUMES ET DANS LA FAÇON DE LES FAIRE CUIRE.**

LE REPAS DU MIDI

Le repas du midi peut être composé d'une grosse
salade, de légumes rôtis avec du couscous ou une
pomme de terre cuite au four. Un sandwich de salades
mélangées sur du pain complet offre une solution de
rechange plus légère, alors qu'en hiver, un bol de soupe
remplie de gros morceaux de légumes, auxquels on
aura ajouté des haricots et des légumineuses, pourrait
s'avérer plus réconfortant. À l'heure du lunch, buvez un
ou deux grands verres d'eau relevés d'un zeste de
citron ou de lime ou d'une essence naturelle de fruit.

AU MILIEU DE L'APRÈS-MIDI

Il faut s'attendre à une importante chute d'énergie durant
l'après-midi, mais une tasse de thé vert (généreux en antioxydants mais généralement faible en caféine) ainsi
qu'une poignée de fruits secs et de noix fraîches (idéalement, des noix du Brésil, des noix de noyer ou des aman-
des, importantes sources d'acides gras essentiels) suffi-
ront pour recharger vos batteries. Si vous n'aimez pas le
thé vert, essayez l'un des nombreux succédanés de café
sur le marché ou, si vous n'en pouvez plus et tenez mor-
dicus à un vrai café, prenez-le faible, avec du lait, et soyez
résolu à ne pas en faire une habitude.

Se libérer du sucre

Un excès de sucre provoque d'indésirables fluctuations d'énergie, des sautes d'humeur erratiques et une diminution de la capacité de concentration — une panoplie d'effets négatifs auxquels il faut ajouter les problèmes d'ordre physique liés à une consommation excessive de sucre raffiné : obésité, caries dentaires et prédisposition accrue au diabète.

Évitez, si possible, d'ajouter du sucre raffiné aux boissons chaudes. Idéalement, il faut les boire non sucrées, mais vous pouvez toujours commencer par remplacer le sucre par du miel pur. Une fois habitué à la saveur sans sucre, vous allez rapidement vous demander comment vous avez pu aimer votre boisson autrement. Renoncez aux gâteaux et aux biscuits sandwiches ou à la gelée, riches en sucre raffiné ; choisissez plutôt un fruit frais ou de savoureux gâteaux biologiques au riz. Si votre besoin viscéral de sucre ne disparaît pas, mangez à l'occasion un biscuit organique à base d'avoine.

Lisez attentivement les étiquettes, quand vous remplissez votre panier d'épicerie, et évitez les produits dits « diététiques » ou « à faible teneur en calories » : boissons gazeuses, petits goûters, puddings, biscuits ou yogourts. L'étiquette « diététique » peut vouloir dire moins de sucre, mais peut aussi qualifier un produit rempli d'édulcorants dont on se passera facilement.

Les édulcorants artificiels comme la saccharine laissent un arrière-goût amer des plus désagréables ; de plus, mais on n'a pas encore évalué l'étendue des problèmes de santé causés par ces additifs chimiques. Il a été démontré que l'un des édulcorants les plus connus (l'aspartame) exacerbait les effets du stress en déclenchant une stimulation dans le cerveau ; à la longue, il aurait un effet nuisible sur le niveau de sérotonine (le neurotransmetteur dont on parle beaucoup, qui procure une sensation de bien-être), aggravant ainsi la dépression. On a aussi reconnu que le sorbitol, pris en doses régulières ou en grande quantité, cause des dérangements gastriques comme la diarrhée.

À droite : IL SERAIT SAGE DE CONSOMMER LE MIEL AVEC MODÉRATION PARCE QUE, BIEN QUE NATUREL, IL N'EN DEMEURE PAS MOINS UNE FORME DE SUCRE.

Il pourrait être extrêmement instructif de passer en revue certains de vos achats. Vous y découvrirez des doses « cachées » d'édulcorants : pastilles pour la gorge, comprimés de vitamines et médicaments contre la toux sont tous des coupables familiers présentés pourtant comme des produits visant à améliorer la santé.

Se libérer de la caféine

Si nous voulons concrètement diminuer les symptômes reliés au stress, il nous faut examiner très honnêtement la quantité de caféine que nous consommons régulièrement. Quiconque boit plus de deux tasses de café ou plus de trois tasses de thé par jour dépasse manifestement la dose quotidienne recommandée. Si l'on ajoute la tablette de chocolat occasionnelle et une ou deux boissons gazeuses contenant de la caféine, on s'éloigne sérieusement d'un contrôle de la consommation de caféine.

Dans un monde idéal où le stress n'existerait pas, nous pourrions tous nous passer de boire du café, nous reposer un peu, « survivre » à l'effet de manque un jour ou deux et ne plus jamais céder à l'envie d'une autre tasse de cette boisson si agréable. Cependant, la vie est stressante ; moi-même, j'apprécie un café à l'occasion. Ce qu'il faut viser ici, c'est plutôt d'en arriver à maintenir une consommation modérée de caféine. Par exemple, ne pas boire plus de deux tasses de café frais par jour et, idéalement, tenter de nous en tenir à une seule tasse.

Si, par habitude, vous tenez à quelque chose de chaud, vous avez le choix entre plusieurs boissons décaféinées ou faibles en caféine : le thé maté, le thé vert, les mélanges à base de fruits, les infusions (faites l'expérience de la citronnelle ou du fenouil au goût anisé, plutôt que d'opter pour les prévisibles menthe ou camomille) ou même des succédanés de café à base de céréales.

Si, comme c'était mon cas dans le passé, vous en êtes actuellement à neuf ou dix grands cafés forts par jour, vous devrez vous préparer à affronter un intense effet de manque lorsque vous couperez court à votre consommation. Cette réaction typique se manifeste par un mal de tête sévère qui peut durer jusqu'à vingt-quatre heures, potentiellement

À droite : ÉVITEZ QUE, À LA LONGUE, UNE LÉGÈRE DÉSHYDRATATION NE VOUS OCCASIONNE DES PROBLÈMES DE SANTÉ EN BUVANT AU MOINS QUATRE OU CINQ VERRES D'EAU PAR JOUR.

accompagné d'irritabilité et de nausées légères. Ce serait une bonne idée de procéder à ce sevrage au cours d'une fin de semaine tranquille, par exemple, et d'y aller doucement en attendant que les réactions se dissipent, ce qui sera plus facile à supporter. Dans ce cas, assurez-vous de boire beaucoup d'eau (minérale, non effervescente ou filtrée) et des jus de fruits frais. Votre système restera bien hydraté et éliminera les déchets toxiques deux fois plus rapidement.

Pour un plan d'action moins strict, diminuez progressivement mais résolument votre consommation d'une boisson contenant de la caféine au rythme de deux tasses par jour et optez pour les solutions de rechange mentionnées précédemment. Lorsque vous n'en serez qu'à une seule tasse par jour de café frais, faites alors preuve de vigilance pour ne pas reprendre tranquillement votre ancien régime. Si cela devait se produire plus d'une fois, vous devrez peut-être renoncer définitivement au café.

Les boissons gazeuses à base de cola n'apportent rien de bon à notre santé et nous aurions avantage à y renoncer. Il existe sur le marché de nombreuses et délicieuses solutions de remplacement : essayez une eau minérale gazeuse agrémentée d'un zeste de citron ou de lime ou un *spritzer* gazeux auquel vous aurez ajouté des essences de fruits frais. Ou essayez de créer vos propres mélanges de « douceurs » ou cocktails, avec le jus d'une de vos combinaisons préférées de fruits et de légumes frais. Examinez attentivement les étiquettes de certaines boissons dites énergétiques. Plusieurs contiennent de la caféine et une dose importante de sucre : il vaut mieux les éviter si vous voulez bénéficier d'une énergie soutenue.

Se libérer de l'alcool

Bien que l'alcool bu avec modération puisse produire certains effets protecteurs pour l'organisme (un verre de vin rouge tous les jours, comme cela a été dit, est bon pour le cœur et le système circulatoire), en consommer avec excès est très dommageable pour la santé. De violentes sautes d'humeur, des signes visibles de vieillissement prématuré, une diminution de la performance mentale, un sommeil perturbé, des lésions au foie et un risque accru d'ostéoporose sont tous des problèmes associés à une consommation élevée d'alcool.

Comme nous le recommandons pour la caféine, nous devons adopter une saine façon de contrôler notre consommation d'alcool et nous en tenir à la limite quotidienne recommandée. Pour les femmes, le nombre d'unités hebdomadaires recommandé, soit quatorze, est inférieur à celui de vingt et une unités pour les hommes : cela s'explique par le fait que les métabolismes de l'homme et de la femme réagissent différemment à l'alcool et que le tissu adipeux de la femme contient un plus grand pourcentage de gras.

Plusieurs femmes en arrivent aussi à constater que les jours précédant leurs menstruations, étant plus vulnérables,

elles réagissent davantage aux effets de l'alcool, celui-ci ayant la propriété de favoriser la dépression et de modifier l'état d'esprit. Aux prises avec des sautes d'humeur, elles se sentent déprimées et abattues.

Afin de ramener notre consommation d'alcool à l'intérieur de limites raisonnables, nous devons évaluer très objectivement la quantité d'unités que nous avons l'habitude de boire dans une semaine donnée — une unité équivalant à une mesure d'alcool (30 ml de spiritueux ou 1, 5 oz), un petit verre de vin, ou une bouteille de bière de format standard (341 ml). Si une femme découvre qu'elle excède la quantité maximale recommandée, soit quatorze unités par semaine, et si un homme constate que sa consommation dépasse généralement vingt et une unités, il est temps pour eux de réagir.

Avant de commencer, gardons à l'esprit que si nous subissons beaucoup de stress et de pression, il est probable que, en plus de boire trop d'alcool (pour son effet relaxant immédiat), nous mangions mal et de façon irrégulière et même que nous fumions peut-être pour essayer de nous détendre. Si ce scénario vous est connu, il serait sage d'investir dans l'achat de suppléments de vitamines et minéraux multiples de bonne qualité qui compenseront les vitamines et les minéraux que vous avez perdus en consommant du tabac et de l'alcool. De plus, si vous attrapez souvent des rhumes depuis que vous êtes stressé, une dose quotidienne additionnelle de 500 mg de vitamine C pendant un mois vous aidera à compenser.

Pour bénéficier au maximum de ces suppléments, vous devez vous abstenir de toute consommation d'alcool pendant quelques semaines afin de permettre à votre foie surmené de se reposer et de commencer à se rétablir.

Il n'y a vraiment pas lieu de se sentir privé ou puni, puisque l'époque où la seule boisson non alcoolisée disponible était le jus d'orange est révolue. Les tisanes et les boissons gazeuses non alcoolisées à base d'essences naturelles de fruits s'avèrent d'excellentes solutions de rechange au vin pour accompagner un repas, sans compter que la plupart des bars offrent maintenant des cocktails sans alcool. C'est une manœuvre habile de leur part, car à peu de choses près, ces boissons ont la même apparence et le même goût que les autres, mais nous épargnent des conséquences néfastes. Évidemment, une eau minérale pétillante demeure toujours une excellente option.

Lorsque vous recommencez à boire de l'alcool, tenez-vous-en fermement en deçà des quantités d'unités recommandées. Idéalement, abstenez-vous de boire de l'alcool trois ou quatre soirs toutes les deux ou trois semaines afin de laisser votre foie se régénérer.

Se libérer de la nicotine

Si la dépendance à la nicotine est, comme on le sait, l'une des plus difficiles à briser, tout effort pour y arriver est cependant largement récompensé sur le plan de la santé. En fumant, nous augmentons significativement les risques de développer le cancer du poumon, de souffrir de complications cardiaques et respiratoires, de bronchite, d'ostéoporose, d'hypertension et de montrer des signes de vieillissement précoce. En outre, comme on l'a vu, bien que la nicotine puisse procurer sur le moment une certaine détente, elle active à long terme les réactions au stress. Aussi, la forte dépendance créée par la nicotine fait-elle en sorte qu'une trop longue privation nous rend irritables, agités et à bout de nerfs.

Au cours de ma pratique homéopathique, j'ai vu plusieurs personnes réussir à arrêter de fumer, les unes en utilisant les timbres de nicotine pour faciliter la transition, les autres préférant le radical «tout ou rien». Si vous êtes en ce moment parmi ceux qui tentent de mettre fin à leur dépendance, n'oubliez pas que les thérapies alternatives comme la médecine traditionnelle chinoise ou la phytothérapie occidentale, l'acupuncture, l'hypnothérapie et l'homéopathie peuvent beaucoup vous aider.

Cependant, pour être réussie, toute tentative implique de se sentir engagé personnellement; c'est de loin le facteur le plus important. Si vous le faites essentiellement pour plaire à quelqu'un d'autre ou si vous n'y mettez que peu d'enthousiasme, il vous sera très difficile d'y arriver. Par contre, si vous êtes fermement résolu et que cette détermination s'appuie sur l'une des techniques mentionnées précédemment, il est plus que probable que vous réussirez.

Pendant que vous essayez de cesser de fumer, votre organisme peut profiter grandement du soutien additionnel des suppléments nutritifs. Non seulement ils aident l'organisme à récupérer, éliminant plus efficacement les déchets toxiques, mais certains de ces suppléments peuvent également renforcer le système nerveux, ce qui contribuera à diminuer l'agitation ou l'irritabilité qui accompagnent généralement le sevrage.

Se libérer des analgésiques

Toute personne aux prises avec de fréquents maux de tête devrait revoir les médicaments qu'elle utilise habituellement comme analgésiques: les puissants effets combinés du paracématol et de la codéine contenus dans ces médicaments vendus sans ordonnance sont souvent une partie du problème. Il arrive que ces analgésiques, en raison de la très forte dépendance causée par la codéine, provoquent ces fameux maux de tête, en contre réaction.

Essayez quelque chose d'aussi efficace, mais de moins agressif, pour soigner vos maux de tête (*voir les pages 109 à 111*), mais si vous devez prendre un analgésique, optez pour celui qui ne contient que du paracématol et ne dépassez jamais la dose.

Taux de sucre élevé et épuisement

Il a été établi que le taux de sucre dans le sang joue un rôle capital dans le maintien de notre équilibre psychique, émotionnel et physique. Si nous avons un taux de sucre qui fluctue constamment, se révélant parfois dangereusement élevé, puis exagérément bas quelques heures plus tard, nous pouvons être sûrs de souffrir d'une multitude de symptômes désagréables. Cependant, rechercher et comprendre d'où provient le problème peut exiger temps et effort.

Cela est particulièrement vrai si, en plus, nous subissons beaucoup de stress négatif, étant donné que les symptômes associés à un faible taux de sucre dans le sang (hypoglycémie) ressemblent souvent à l'un ou l'autre, ou à plusieurs, des problèmes reliés au stress comme ceux qui suivent :

- Maux de tête
- Somnolence
- Irritabilité
- Sentiment de panique sous l'effet de la pression
- Palpitations
- Besoin irrépressible de manger
- Douleurs généralisées
- Capacité de concentration réduite

Équilibrer le taux de sucre

On est porté à penser que lorsque ces problèmes sont causés ou aggravés par un trop faible taux de sucre dans le sang, la solution logique serait de consommer beaucoup de sucre tous les jours. C'est malheureusement la pire chose à faire.

Lorsque nous consommons, sur une base régulière, de grandes quantités de sucre, notre corps réagit en sécrétant suffisamment d'insuline pour réduire notre taux de sucre dans le sang. Le pancréas, qui a pour fonction de « surveiller » ce taux, déclenche au bon moment la quantité d'insuline requise pour le maintenir dans les limites souhaitables. Malheureusement, lorsque nous imposons trop souvent une quantité excessive de sucre au pancréas, le pauvre organe finit par avoir la gâchette facile et par s'épuiser. Si nous continuons sur cette lancée débridée pendant trop longtemps, c'est le diabète de l'âge adulte (communément appelé « diabète de type 2 » qui nous guette.

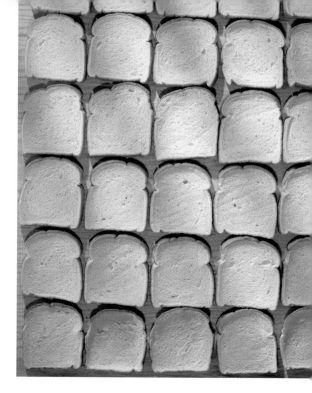

Ce type de diabète est habituellement diagnostiqué chez les personnes d'âge moyen (plus de 40 ans), qui peuvent avoir abusé de sucre pendant longtemps, consommant des quantités excessives d'aliments constitués de glucides raffinés tels le pain blanc, le riz blanc, les pâtes blanches, les gâteaux, les biscuits et les produits de consommation rapide (à la fois sucrés et salés). Tous ces aliments contiennent d'importantes quantités de sucre blanc et de farine blanche et, souvent, une bonne proportion de gras. La situation ne peut que s'envenimer si on ajoute à ce tableau les grandes quantités de sucre blanc contenues dans les boissons chaudes, les sodas et les colas gazeux, les sucreries, le chocolat et les puddings.

Avant d'arriver à ce stade, cependant, les taux fluctuants de sucre dans le sang peuvent causer des problèmes de toutes sortes : fatigue psychique et émotionnelle ; niveau d'énergie qui fluctue à une vitesse alarmante ; envie insatiable et constante d'aliments sucrés et salés. Dans ce dernier cas, c'est la preuve que le pancréas est trop actif : lorsque le taux de sucre dans le sang s'abaisse trop rapidement, nous nous sentons épuisés et « en état de manque » de sucre. C'est un cercle vicieux qui finira inévitablement par avoir raison de notre pancréas si nous n'agissons pas. La bonne nouvelle, cependant, c'est que ce mauvais scénario peut être évité si nous prenons rapidement les mesures appropriées.

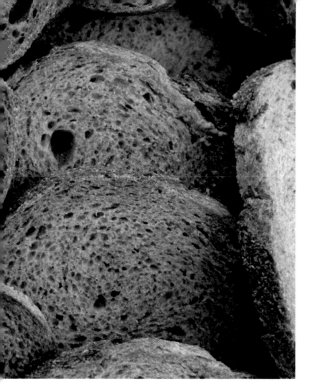

Il s'agit de prendre conscience du problème et d'inclure durablement dans notre alimentation quotidienne des aliments et des boissons qui équilibrent notre taux de sucre dans le sang.

Les stabilisateurs du taux de sucre dans le sang

Avant d'examiner les types d'aliments et de boissons qui peuvent aider à stabiliser notre taux de sucre dans le sang, rappelons-nous que la fréquence et la régularité avec lesquelles nous prenons nos repas ont un effet sur cette stabilité, pour le pire comme pour le meilleur. L'habitude à adopter pour éviter des chutes brutales du taux de sucre dans le sang est de manger un « petit quelque chose » toutes les deux ou trois heures.

Dans ce contexte, « petit » veut vraiment dire *petit*. Il peut s'agir de quelques morceaux de fruit, d'une tranche de pain complet ou d'une biscotte au germe de blé. Par ailleurs, tout ce qui contient du sucre blanc raffiné, qu'il prenne la forme d'un morceau de chocolat ou d'une boisson gazeuse, est à éviter.

En définitive, une diète conçue pour stabiliser le taux de sucre dans le sang peut inclure, sans aucun danger pour la santé, n'importe lequel de ces aliments :

- Toutes les sortes de produits céréaliers à grain entier incluant le pain, l'avoine, les pâtes et le riz. Ce type de glucides complexes non raffinés se digèrent plus lentement que les produits raffinés qui leur sont apparentés, de sorte qu'ils favorisent des niveaux d'énergie plus stables, moins erratiques.
- Les fruits frais, idéalement entiers plutôt que sous forme de jus ; l'extraction du jus nous prive de la pulpe du fruit, cette matière fibreuse qui, tel un tampon, empêche le fructose du fruit de hausser précipitamment le taux de sucre dans le sang.
- Un peu de protéines : volaille, lait, fromage, yogourt (nature ou avec des fruits frais ajoutés) et soya.
- Les noix et les graines
- Les légumes frais de toutes sortes
- Les légumineuses : haricots et lentilles
- Les poissons gras, comme le maquereau, les sardines et le saumon, contiennent des acides gras importants qui sont bons pour le cœur et le système circulatoire

Allez-y prudemment avec tout ce qui suit :
- Les aliments à base de farine blanche et de sucre, incluant le pain blanc, les sucreries, le chocolat, les gâteaux, les biscuits et les puddings
- L'alcool
- Les boissons gazeuses sucrées
- Les « coulis » aux fruits – les sirops aromatisés et dilués avec de l'eau
- Les aliments « camelotes » dénaturés, comme les pépites de poulet
- Tout ce qui contient de grandes quantités de sucre « caché » : la soupe aux tomates en conserve, les fèves cuites au four et le ketchup en sont des exemples courants
- Le chocolat
- Le café : boire souvent du café, même sans sucre, bouleverse le taux de sucre dans le sang. Résultat : une fois que l'effet initial de stimulation s'est dissipé, le café peut — tout comme le sucre — provoquer des sautes d'humeur, de la fatigue et une faible concentration.

Les plats précuisinés

Il est généralement admis qu'une trop grande consommation de plats précuisinés risque de causer plusieurs problèmes bien connus. Cependant, dans un monde où il faut être pratique, mener de front une vie professionnelle et une vie personnelle très actives signifie que l'on doive parfois recourir à des solutions rapides. Les plats cuisinés nous fournissent précisément cette solution tampon quand le temps presse : un repas complet préparé en une demi-heure, à la fin de la journée.

Idéalement, il faut trouver des moyens de réduire les dommages causés par notre consommation de plats précuisinés, tout en nous assurant de varier notre menu aussi souvent que possible.

Le mieux est d'user de discernement : si un mets présente une couleur anormalement brillante, semble sensiblement transformé ou n'a plus rien de son apparence naturelle, il est préférable de s'en passer.

Ci-dessous : **LE KETCHUP AUX TOMATES PEUT CONTENIR UNE QUANTITÉ APPRÉCIABLE DE SUCRE « CACHÉ ».**

Mieux vaut prévenir…

- Évitez de manger quoi que ce soit qui n'a plus son apparence initiale et tout ce qui a été entièrement transformé. Les dates inscrites sur les produits emballés sous vide indiquent clairement leur état de fraîcheur.
- Les aliments dont la durée de conservation en stock a été prolongée par des agents chimiques et dont l'apparence et le goût ont « bénéficié » sans doute de colorants et d'essences chimiques doivent être eux aussi soigneusement évités ; les produits chimiques utilisés comme agents de conservation ont un effet néfaste sur la densité des os.
- Évitez tout ce qui a été généreusement salé, fumé ou trop rôti. Tous ces procédés contribuent aux problèmes associés à l'hypertension. Les aliments fumés ou rôtis à l'excès, pour leur part, ont des propriétés potentiellement carcinogènes lorsqu'ils sont consommés de façon régulière et en grande quantité.
- Tenez-vous-en aux aliments qu'on n'a pas retouchés : des portions de poulet ou de poisson frais à faire tout simplement griller ou mariner, par exemple.
- Assurez-vous de manger au moins cinq portions de fruits et de légumes frais chaque jour. Les intégrer à votre menu est facile si vous prenez un morceau de fruit au petit-déjeuner, une salade copieuse, le midi, suivie de fruits frais ; une portion de fruit au milieu de l'après-midi et deux ou trois légumes au repas du soir, suivis d'une autre généreuse portion de fruit.
- Évitez de faire réchauffer au four à micro-ondes les aliments cuisinés en les laissant dans leurs contenants en plastique. Transvider la nourriture dans un contenant de verre est de loin préférable et les avantages à en retirer valent bien le peu de temps qu'on y met. On pense que les substances chimiques de type estrogène peuvent passer du contenant en plastique à la nourriture par l'effet de chaleur du four à micro-ondes. Les xénoestrogènes, comme on appelle ces substances chimiques, ont été liés à toute une série de problèmes de santé : confusion mentale, tension prémenstruelle, déséquilibres hormonaux et sensation générale de fatigue.

Un ajout précieux : les suppléments nutritifs essentiels

Nous devrions pouvoir profiter tous les jours de l'éventail complet des nutriments essentiels en nous contentant de manger raisonnablement et en suivant les principes énoncés plus tôt. Cependant, il y a toujours des moments où la vie semble s'emballer, et quand cela se produit, l'apport de suppléments nutritionnels peut nous donner l'élan indispensable pour nous remettre sur les rails. De fait, de nombreux nutriments clés sont reconnus pour nous protéger des effets pernicieux d'un stress négatif prolongé.

LA VITAMINE C

Incontestable « vitamine miracle », la vitamine C aide l'organisme à lutter efficacement contre l'infection ; elle le protège contre les radicaux libres (des molécules déchaînées qui contribuent au développement de nombreuses conditions dégénératives, incluant les maladies du cœur et le durcissement des artères) ; elle aide à conserver la santé et le bon état de la peau ; et, d'une manière générale, elle abrège la durée des maladies contagieuses. C'est en soi rien de moins qu'un nutriment dont nous avons besoin chaque jour.

En été, il est relativement facile de manger beaucoup d'aliments riches en vitamine C. Après tout, consommer de grandes quantités de salades, de fruits frais, de jus frais et des légumes en abondance est plutôt agréable par temps chaud. L'hiver, cependant, la chose semble moins facile parce que ce temps de l'année nous porte instinctivement vers une diète plus nourrissante. Il est important de se rappeler aussi que la vitamine C est très volatile et soluble dans l'eau, ce qui signifie que l'on ne peut pas la stocker dans notre organisme. Par conséquent, il est nécessaire d'absorber chaque jour suffisamment de vitamine C.

Lorsque nous ouvrons une orange au couteau et que nous la laissons telle quelle pendant deux heures avant de la manger ou de la presser, sa teneur en vitamine C aura, entre-temps, baissé de façon spectaculaire. Cette vitamine, qui s'oxyde rapidement lorsqu'elle est en contact avec l'atmosphère, se détruit donc facilement. La même attention doit être portée aux légumes dans la composition des salades, comme les tomates crues ou les piments. Ceux-ci, riches en vitamine C, devraient être préparés à la dernière minute afin de préserver leurs précieuses qualités. Les méthodes de cuisson, pour des raisons similaires, devraient être aussi rapides et légères que possible ; à ce titre, rien de mieux que la cuisson à la vapeur.

Si nous avons compté sur l'alcool et la cigarette pour nous adapter à un stress sans cesse grandissant, la vitamine C est notre salut. L'alcool et la cigarette diminuent l'efficacité de la vitamine C, et ce, justement au moment où nous en aurions le plus besoin. Être aux prises avec une série d'infections mineures qui se manifestent souvent après une période où nous avons brûlé la chandelle par les deux bouts est la preuve que notre organisme a désespérément besoin de vitamine C. Si ce scénario déprimant vous est familier, de toute évidence il est temps pour vous d'inclure dans votre régime alimentaire quotidien une plus grande quantité d'aliments et de boissons riches en vitamine C. Ce ne devrait pas être trop difficile, puisque chacun des aliments énumérés à la page suivante vous en fournira.

Ci-dessus : **ÉVITEZ DE COUPER DES FRUITS ET DES LÉGUMES RICHES EN VITAMINE C LONGTEMPS AVANT LEUR CONSOMMATION, CAR LA VITAMINE C S'OXYDE ET S'ALTÈRE AU CONTACT DE L'AIR.**

- Les baies, tels les cassis et les bleuets
- Les fraises
- Les agrumes, incluant les oranges, les pample-mousses, les citrons et les mandarines
- Les kiwis
- Les légumes vert foncé, incluant les brocolis et les choux de Bruxelles
- Les choux-fleurs
- Les tomates
- Les piments crus, rouges et verts

Si vous êtes stressé depuis un bon bout de temps, cela vous aidera également de consommer de la vitamine C sous forme de supplément. Prenez 1 g (1 000 mg) tous les jours pendant les deux premières semaines ; à moins que vous n'utilisiez une formule pharmaceutique à action lente, il est préférable de prendre quatre doses de 250 mg à différents moments de la journée. Il s'agit d'une mesure pratique qui vise à maximiser les effets bénéfiques d'une vitamine qui ne subsiste pas longtemps dans l'organisme. Une succession de petites doses facilement assimilables vaut mieux que la dose unique de 1 g le matin, la plus grande partie étant éliminée par votre organisme au cours de la journée.

Au bout de deux semaines, vous pourrez probablement réduire la quantité jusqu'à 500 mg par jour, dose qui pourra être maintenue jusqu'à ce que vous sentiez votre équilibre rétabli. En cas de signes d'intolérance intestinale (acidité gastrique ou diarrhée), il faut réduire davantage la dose.

LES VITAMINES DU COMPLEXE B

Il a été démontré que le groupe de vitamines B – qui inclut la thiamine, la riboflavine, l'acide nicotinique, l'acide folique et la vitamine B12 – joue un rôle essentiel dans le renforcement du système nerveux et s'avère particulièrement efficace dans les périodes de stress et de tension. Les vitamines B stimulent l'activité des neurones ; il a été prouvé que la vitamine B12 en particulier facilite un métabolisme normal des agents chimiques qui aident à prévenir la dépression. La vitamine B6 a également fait l'objet de beaucoup d'attention médiatique en tant que supplément aux effets très bénéfiques pour les femmes affligées des symptômes débilitants du syndrome prémenstruel.

Bien que les vitamines du complexe B, tout comme la vitamine C, soient solubles dans l'eau et ne puissent être

À gauche : **VARIEZ AUTANT QUE POSSIBLE LA COMPOSITION DE VOS MENUS QUOTIDIENS AFIN D'ÉVITER DE VOUS LASSER DE CERTAINS ALIMENTS OU DE PERDRE L'ENVIE DE CUISINER.**

stockées dans l'organisme, il est maintenant de plus en plus clair qu'une dose excessive ou inadéquate de l'une des vitamines du complexe B prise isolément peut causer des problèmes additionnels. Pour éviter cela, il faut s'assurer que le supplément de vitamines B que l'on consomme contient le complexe entier, car chacune des composantes agit de manière plus efficace si elle est prise conjointement avec les autres. Veillez à vous procurer une marque réputée qui inclut, dans une formule équilibrée, toute la gamme des vitamines du complexe B, plutôt que les variantes moins chères, qui ne contiennent pas toutes les composantes du complexe. Suivez la posologie indiquée tant et aussi long-temps que votre niveau de stress demeurera élevé.

En outre, quand vous êtes dans une phase de grand stress, faites-vous un devoir de manger de façon régu-lière des aliments riches en vitamines B tels que :

- La volaille
- Le poisson
- Les noix
- Les graines
- Les produits céréaliers complets, incluant des pâtes et du pain faits de grains entiers
- La viande rouge (avec modération)
- Les produits à base de soya
- Les pommes de terre
- Les légumes verts feuillus
- Les extraits de levure

LE CALCIUM

Lorsque nous sommes sous l'effet du stress, notre besoin en calcium augmente parce que la noradrénaline, une hormone associée au stress, est sécrétée. Lorsque cette réaction se produit régulièrement, elle a pour effet de stimuler l'excrétion du calcium stocké dans les os. Si la situation persiste trop longtemps, les chances de gar-der nos os solides et en bonne santé sont fortement compromises. Pendant et après la ménopause, les fem-mes sont particulièrement vulnérables sur ce chapitre ; la fragilisation des os (l'ostéoporose) est un problème relativement courant qui, en raison des changements hormonaux, frappe souvent à ce stade de la vie.

À gauche : **Riche source de vitamine C, le citron fournit aussi du magnésium, lequel facilite l'absorption du calcium.**

le magnésium et la vitamine D maximise les chances qu'il soit bien absorbé. Sachez également que le carbonate de calcium, bien qu'il soit la variété de ce supplément la plus répandue — et la moins chère — peut causer différents problèmes : absorption difficile, troubles de digestion, nodules aux seins et probabilité accrue de souffrir de calculs rénaux. Pour toutes ces raisons, il vaut nettement mieux choisir une formule de citrate de calcium qui sera plus facilement absorbée par l'organisme et moins susceptible de déclencher des effets secondaires indésirables. Pour les mêmes raisons, il faut préférer les formules combinées de magnésium et de calcium, qui devraient contenir idéalement deux fois plus de magnésium que de calcium.

Voici de bons choix alimentaires pour obtenir davantage de magnésium :

- Les pommes
- Les noix
- Les graines, particulièrement les graines de sésame
- Les figues
- Les citrons
- Les légumes verts

LE KAVA

Le kava suscite beaucoup d'intérêt, étant à la fois un supplément à base de plantes qui ne crée pas de dépendance et qui peut contribuer à réduire certains symptômes reliés au stress : sentiment d'anxiété et impression d'être à bout de souffle, psychiquement, émotionnellement et physiquement. Dérivé de la famille des poivriers, le kava a été utilisé comme boisson apaisante et relaxante pendant de nombreuses années dans les îles du Pacifique. À la différence de l'alcool, il ne provoque pas de comportement agressif. De plus, le kava semble extrêmement efficace pour nous plonger une nuit durant dans un sommeil profond et réparateur, sans nous laisser ces sensations de somnolence et de gueule de bois souvent associées aux somnifères conventionnels.

Le kava contient des composés appelés « kavalactones ». Des études ont démontré que ces ingrédients actifs possèdent à un degré impressionnant de nombreuses propriétés : ils calment, soulagent les douleurs

La ménopause étant une période de la vie particulièrement stressante, il est impératif, pour les femmes approchant ou dépassant de peu la cinquantaine – en particulier celles qui vivent déjà en situation de stress –, de connaître les moyens de protéger la densité de leurs os. Tout en cherchant comment contrôler efficacement leur stress, elles doivent absolument évaluer la quantité de calcium qu'elles consomment.

On a démontré que le calcium soutient également sur d'autres plans l'organisme aux prises avec le stress. Il favorise un sommeil profond et reposant, équilibre les taux de potassium et de sodium ; il abaisse le taux de cholestérol dans le sang ; il aide à stabiliser la tension artérielle. Il aide également à prévenir les crampes musculaires, surtout si on le prend conjointement avec le magnésium. Les bonnes sources alimentaires de calcium comprennent :

- Les produits laitiers, tels le fromage et le lait
- Les légumineuses
- Les légumes verts feuillus
- Le soya
- Les graines de sésame
- Le tofu

Si vous avez l'intention de prendre des suppléments de calcium, il est bon de savoir que le fait de le combiner avec

et décontractent les muscles. Bien que les kavalactones semblent produire un effet calmant aussi puissant que les tranquillisants conventionnels, ils agissent subtilement et de manière significativement différente.

La plupart des sédatifs conventionnels produisent leur effet en agissant sur des récepteurs spécifiques dans le cerveau. Les kavalactones, pour leur part, semblent agir sur le système limbique. Les études récentes semblent indiquer que les kavalactones favorisent un sommeil profond en modifiant la manière dont notre système limbique contrôle nos émotions. Il semble que ce soit parce qu'ils fonctionnent dans une sphère d'action différente que les effets sédatifs et analgésiques du kava ne causent pas les problèmes de dépendance liés aux analgésiques et tranquillisants conventionnels. Parce qu'il détend les muscles, le kava est particulièrement utile pour soulager les maux de tête causés par des raideurs dans le cou et les épaules.

Lorsque la posologie appropriée est respectée, le kava ne semble pas avoir d'effets secondaires majeurs. De très fortes doses, cependant, peuvent causer un épaississement de la peau des mains et de la plante des pieds. Des problèmes surgissent aussi lorsque ce supplément à base de plantes est pris avec des antidépresseurs et des tranquillisants conventionnels. Il ne faut donc jamais le consommer avec des tranquillisants ou des sédatifs conventionnels, ces mélanges étant potentiellement dangereux. Si vous avez quelque doute que ce soit sur l'utilisation du kava, n'hésitez pas à demander l'avis de votre médecin généraliste ou de votre pharmacien.

LE GINSENG

Le ginseng semble posséder d'importantes propriétés antistress dont peuvent bénéficier notre esprit et notre corps quand ils sont exposés à un niveau excessif de stress négatif. Des études scientifiquement contrôlées ont démontré que le ginseng aide à maintenir l'équilibre des neurotransmetteurs lorsque nous sommes sous pression. Non seulement il empêche efficacement toute augmentation de la cortisol (une augmentation de la cortisol peut diminuer la concentration), mais il agit également de façon à soutenir les substances chimiques associées à

une sensation de bien-être, comme la sérotonine et la noradrénaline, ce qui empêche leurs niveaux de baisser. Cela constitue une sorte de protection contre les accès de dépression et de négativisme. Il a aussi été démontré que le ginseng réduit l'anxiété due au stress.

Parce que le ginseng est reconnu pour jouer un rôle positif et important dans le soutien du système immunitaire, il s'agit d'un supplément qu'il vaut la peine de considérer lorsque nous nous sentons physiquement à plat dans les périodes de stress. Cependant, il importe de tenir compte du fait que, paradoxalement, alors que des doses modérées semblent nettement renforcer notre système immunitaire, des doses importantes ont l'effet contraire et, de fait, entravent la performance du ginseng.

N'hésitez pas à vous procurer la meilleure qualité de ginseng, plutôt que d'opter pour une marque bon marché, si vous voulez retirer le maximum de bénéfices de ce supplément. Les produits inférieurs, moins chers, ne contiennent son ingrédient actif qu'en faible quantité.

Il est préférable d'éviter de prendre du ginseng sur une base quotidienne ou routinière ; prenez-en plutôt pendant deux semaines, puis interrompez le traitement pendant deux autres semaines avant de recommencer le cycle. La dose quotidienne optimale suggérée est de 200 mg, répartie en deux doses de 100 mg. Si vous envisagez de prendre du ginseng, mais que vous avez des antécédents de tension artérielle élevée ou de cancer de l'utérus ou du sein, vous devriez au préalable consulter un médecin.

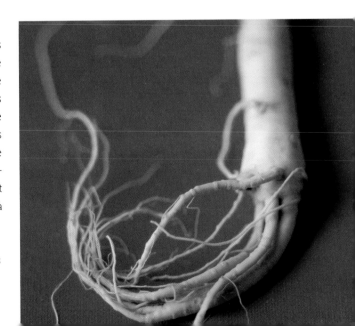

À droite : **INCLURE LE GINSENG DANS SON ALIMENTATION PEUT ÊTRE BÉNÉFIQUE POUR SOULAGER LES SYMPTÔMES RELIÉS AU STRESS.**

5

Se régénérer : faire de l'exercice pour se détendre et recouvrer une santé optimale

APRÈS AVOIR PASSÉ MA JEUNESSE AFFALÉE DEVANT LA TÉLÉVISION, JE ME RETROUVE ENVIRON QUARANTE ANS PLUS TARD EN TRAIN D'ÉCRIRE UN CHAPITRE ENTHOUSIASTE SUR LES BIENFAITS DU CONDITIONNEMENT PHYSIQUE. CETTE INCROYABLE TRANSFORMATION DANS MON ATTITUDE À L'ENDROIT DE LA GYMNASTIQUE N'EST CERTAINEMENT PAS SANS RAPPORT AVEC LES CHANGEMENTS RAPIDES D'ORIENTATION QU'ONT CONNUS, AU COURS DES DEUX DERNIÈRES DÉCENNIES, LES MÉTHODES D'EXERCICE PHYSIQUE.

Finalement, Dieu merci, nous en sommes arrivés à une nouvelle conception de l'exercice qui concorde avec la recherche actuelle d'équilibre et d'harmonie entre les niveaux émotionnel, psychique et physique. C'est tout un contraste avec la mentalité qui prévalait dans les années 1980 et selon laquelle il fallait suer sang et eau ou se brûler à l'effort. À cette époque, la bonne forme et la minceur étaient l'idéal suprême, alors que la réduction du stress et l'amélioration globale de la santé — évidemment souhaitables — étaient pour ainsi dire considérées comme des primes optionnelles. L'apparence extérieure primait, et une méthode d'exercice, si dure fût-elle, avait la cote en raison des nombreux avantages esthétiques qu'elle promettait. Heureusement, on note quelques progrès dans ce domaine. Aujourd'hui, lorsque nous voulons jouir d'une meilleure condition physique, nous avons le choix entre quantité de méthodes qui visent à restaurer notre résistance

À gauche : **L'EXERCICE PHYSIQUE AGRÉABLE, FAIT DE FAÇON RÉGULIÈRE, CONTRIBUE À AUGMENTER NOTRE ÉNERGIE ET NOTRE VITALITÉ.**

et notre bien-être émotionnel et psychique autant qu'elles visent à tonifier, à étirer et à fortifier nos muscles.

Le présent chapitre s'intitule « Se régénérer » parce que toutes les activités physiques qui y sont abordées contribuent à diminuer le stress, à équilibrer notre état d'esprit et à réguler notre potentiel énergétique. Plutôt que d'épuiser nos réserves d'énergie, ces méthodes de mouvement sont reconnues pour renforcer notre résistance psychique, émotionnelle et physique afin de nous aider à faire face à n'importe quel coup dur de la vie.

Les avantages de l'exercice régulier

En plus d'être agréable, l'exercice régulier s'avère un allié puissant dans toute entreprise d'élimination du stress, et ce, pour deux raisons. Premièrement, un exercice physique vigoureux et rythmique nous permet de « brûler » l'excès d'adrénaline et toute autre hormone de stress libérée dans notre organisme par le réflexe de lutte ou de fuite. Deuxièmement, l'exercice nous aide à réduire la tension et la raideur qui s'accumulent dans nos muscles, particulièrement ceux du visage, du cou et des épaules, lorsque notre mode de vie nous soumet à trop de pression et de stress négatif. Si cette situation perdure, nous risquons de souffrir de fréquents et réguliers maux de tête nerveux

(causés par la tension) et autres conditions chroniques débilitantes semblables.

La pratique régulière des méthodes axées sur l'équilibre entre corps et esprit, comme le yoga, le taï chi ou le Qi gong, hausse sensiblement nos chances de réduire le stress, parce que toutes nous enseignent en douceur à décrocher et à relaxer ; ces techniques sont particulièrement utiles lorsque nous sommes portés à devenir irritables et stressés à tout moment et lorsque nous avons des difficultés à nous relaxer suffisamment, le soir, pour profiter d'une bonne nuit de sommeil.

Non seulement l'exercice physique nous aide à traiter les substances chimiques qui submergent notre organisme quand nous sommes stressés, mais il a un effet positif sur notre système circulatoire, facilitant le transport de l'oxygène et des nutriments vers chaque cellule de notre corps. Encore plus important, cependant, l'activité physique régulière peut avoir un effet tranquillisant aussi bien qu'énergisant, de sorte qu'il nous suffit de choisir le type d'exercice qui nous convient, selon le moment et selon l'effet désiré.

Par conséquent, l'exercice régulier offre un éventail impressionnant d'avantages pour notre corps et s'avère un allié précieux dans nos efforts pour mieux composer avec le stress négatif.

Avantages sociaux : l'exercice pour remonter le moral

Au cours de la dernière décennie, il est devenu évident que les méthodes holistiques offraient une dimension supplémentaire, soit les effets positifs de l'exercice sur l'esprit et les émotions.

Si nous nous mettons à la pratique régulière d'exercices, nous avons de bonnes chances d'augmenter notre estime de soi et notre confiance en nous-mêmes, conséquence directe du fait de maîtriser la situation et de passer

Possibilités créatives : des exercices combinés

à l'action. Car il n'y a rien de plus démoralisant que de sentir notre corps réclamer de l'attention et de n'être pas suffisamment motivé et résolu pour y répondre. Faire naître cette motivation sera largement récompensé : savoir son corps flexible et fort, à l'aise dans ses mouvements, libéré de la douleur, de la tension ou de la raideur, procure un plaisir qui n'a pas de prix.

Au-delà de ce sentiment agréable, nous bénéficions d'un changement physiologique fondamental qui contribue à créer un profond sentiment de bien-être lorsque nous faisons régulièrement de l'exercice. Pendant un exercice aérobique rythmé, fait de façon soutenue durant une certaine période de temps, des substances chimiques de bonheur — appelées endorphines — sont sécrétées naturellement et libérées dans le sang. Il est bien connu que ces substances sont responsables du sentiment d'exaltation qui accompagne tout exercice aérobique de marche, de natation ou de bicyclette. Les endorphines ont la réputation d'être des antidépresseurs naturels ayant des effets calmants et sédatifs.

On reconnaît aujourd'hui que l'exercice aérobique, lorsqu'il est pratiqué régulièrement, peut jouer un rôle important dans notre capacité à composer avec des troubles légers d'anxiété et de dépression. De fait, les experts d'un laboratoire d'exercice en Californie ont conclu qu'une marche effectuée d'un pas vif et régulier a un effet calmant aussi important que 400 mg d'un tranquillisant chimique.

Lorsque nous utilisons des tranquillisants et des antidépresseurs contre l'anxiété et les dépressions mineures, nous courons un risque bien connu de souffrir de problèmes de santé et d'effets secondaires. Nous ne pouvons que constater des avantages à recourir en premier lieu à l'exercice physique régulier (pour tenter d'améliorer notre équilibre psychique et émotionnel) plutôt que de nous en remettre automatiquement à la médication conventionnelle. Nous aurons ainsi la grande satisfaction d'avoir exercé un certain contrôle, ce qui, en retour, va nous aider à dissiper un peu de ces sentiments d'impuissance et de manque de confiance en nous qui accompagnent généralement la déprime.

Au lieu de vous présenter une étude exhaustive des différents programmes d'exercice disponibles, je vous propose un guide de base des techniques d'entraînement et des méthodes les plus connues et les plus efficaces, qui ont acquis la solide réputation d'augmenter la force et la résistance physique tout en procurant un sentiment de bien-être psychique et émotionnel.

Le yoga

Connaissant aujourd'hui un regain de popularité, le yoga est l'une des techniques d'exercice et de mouvement les plus anciennes et les mieux connues pour favoriser l'harmonie du corps et de l'esprit. Même si l'on a tendance à parler du yoga comme d'une seule et unique méthode d'exercice, en réalité, il en existe plusieurs : savoir lequel choisir dépend de notre condition physique et de ce que nous souhaitons acquérir.

Si notre but premier est de tonifier nos muscles, d'acquérir plus de résistance, d'augmenter notre flexibilité et d'apprendre à nous servir de notre respiration pour nous relaxer et nous revitaliser, le Hatha yoga s'avérera probablement la méthode la plus appropriée, surtout pour débuter.

À gauche et à droite : **PEU IMPORTE VOTRE PRÉFÉRENCE — FAIRE ACTIVEMENT DE LA BICYCLETTE OU PRATIQUER LE YOGA — CHOISISSEZ UN EXERCICE QUI VOUS PLAÎT ET CONVIENT À VOTRE MODE DE VIE.**

Le Iyengar yoga est à la fois beaucoup plus astreignant sur le plan physique et plus exigeant que le Hatha yoga en ce qui concerne la précision et l'exactitude, si l'on désire retirer le maximum de bénéfices de chaque posture.

Toute personne déjà en bonne condition physique qui recherche un style plus vif ayant la réputation de faire fondre le gras devrait aller voir du côté de la technique du Power yoga ou de l'Ashtanga Vinyasa yoga, deux méthodes qui lui conviendront mieux que les précédentes. La pratique régulière de l'Ashtanga Vinyasa yoga lui fournira un bon entraînement cardiovasculaire, tout en lui faisant gagner un corps incroyablement lisse, mince et fort.

Le yoga est une discipline qui, tout en apaisant nos tensions et notre anxiété, peut nous apprendre à utiliser la respiration pour éliminer le stress. Toutes les formes de yoga incluent l'apprentissage d'un contrôle conscient de la respiration en vue de récolter le maximum de bienfaits de chaque posture. De plus, pratiqué régulièrement, le yoga contribue à augmenter notre énergie, favorise la tranquillité d'esprit, augmente notre résistance physique, confère plus de flexibilité, de force et de tonus à nos muscles et améliore notre circulation. Une énergie de guérison peut alors circuler librement dans toutes les parties de notre corps. Adopter la pratique quotidienne et régulière du yoga, c'est s'offrir l'un des entraînements les plus complets qui soient.

Pour apprendre comment le pratiquer correctement, il est essentiel de suivre un cours régulier — c'est la seule façon de maîtriser les postures de base. Pratiquer chez soi est excellent, une fois que l'on est devenu plus habile, et il existe sur le marché un nombre croissant de bonnes vidéocassettes sur le yoga. Pour des conseils de base concernant tous les aspects du yoga et pour trouver un professeur, contactez un organisme de yoga.

Souvenons-nous que nos besoins peuvent changer avec le temps. Nous pouvons, par exemple, avoir pratiqué le yoga étant plus jeunes et avoir pensé que cette discipline n'était pas pour nous, puis décider aujourd'hui que cela vaut la peine de nous y remettre. Ou bien, ignorant les différentes méthodes de yoga, nous pouvons avoir pratiqué le Hatha yoga sans nous douter, une fois

À droite : **LE DEGRÉ DE CONCENTRATION QU'IL EST POSSIBLE D'ATTEINDRE PAR LA PRATIQUE DU YOGA PERMET DE SE SENTIR REVITALISÉ ET UNIFIÉ, L'ESPRIT ET LE CORPS EN PARFAITE SYMBIOSE.**

que nous le maîtrisons, qu'il est possible de passer à une méthode plus rapide — le Ashtanga yoga — pour relever un défi plus astreignant.

La méthode Pilates

Mise au point par Joseph Pilates au cours des années 1920 et considérée comme un ensemble de mouvements physiothérapeutiques, la méthode Pilates est devenue immensément populaire au cours des dix dernières années. Ceux qui recherchent une série d'exercices qui aident à réduire les effets négatifs du stress physique, émotionnel et psychique, tout en contribuant à rendre la silhouette mince et élancée, devraient songer à la méthode Pilates. Elle se fonde sur la répétition de mouvements précis et contrôlés qui isolent des groupes de muscles spécifiques et les font activement travailler.

Cette méthode, correctement enseignée et pratiquée de façon régulière, présente de nombreux et impressionnants avantages : meilleure posture, muscles affinés, tonus musculaire renforcé, flexibilité, équilibre psychique et émotionnel accru. Parce qu'un degré considérable de concentration est requis pour en exécuter correctement les exercices, parce que l'accent est mis sur une respiration régulière et profonde — ce qui permet d'abaisser la tension artérielle et de ralentir le pouls — la pratique régulière de la méthode Pilates peut jouer un rôle important dans tout programme de réduction du stress.

Les exercices Pilates se concentrent sur l'établissement d'un centre de stabilité, focalisant l'attention sur la zone qui s'étend du bas de la cage thoracique à la zone située entre les os des hanches. Certains exercices sont exécutés debout, d'autres demandent qu'on soit allongé sur un tapis, alors que quelques ateliers utilisent un équipement Pilates spécial.

On recommande aux débutants de s'inscrire à un cours afin qu'ils puissent identifier ce qu'ils attendent de cette méthode qui, pour être efficace, exige de la précision et de l'exactitude. Une fois compris le sens de chaque exercice, chacun pourra les mettre en pratique à la maison et profiter de ce qu'il aura appris en atelier.

Le Qi gong

On a dit que le Qi gong pouvait s'avérer une des techniques les plus relaxantes et les plus bénéfiques que nous puissions pratiquer pour soulager les problèmes reliés au stress. Cette

À gauche : **La méthode Pilates nous apprend à être conscients de notre corps.** À droite : **Pratiqué régulièrement, le Qi gong nous aide à atteindre une profonde concentration.**

La technique Alexander

technique est surtout reconnue pour aider ceux qui ont besoin d'apprendre à se concentrer et à maintenir cette concentration une fois qu'ils y sont parvenus.

Le Qi gong vous enseigne comment respirer profondément et de façon régulière tout en exécutant une série d'exercices fluides et doux, faits de mouvements lents et répétés. Pendant que vous exécutez ces exercices, vous êtes invité à vous concentrer afin de ne pas être distrait par des pensées stressantes.

À mesure que vous devenez plus habile et que vous progressez dans cette technique de réduction du stress, vous devriez découvrir que vous avez une plus grande réserve d'énergie, que votre état général de santé s'améliore (résultat d'un système immunitaire plus performant) et que vos muscles sont plus forts et ont une meilleure coordination.

Même s'il est possible de vous procurer des livres et des vidéocassettes d'initiation au Qi gong, vous seriez bien avisé de suivre d'abord des cours privés donnés par un praticien de médecine chinoise traditionnelle ou de vous inscrire à un cours de Qi gong. Vous serez ainsi assuré d'exécuter correctement les mouvements et d'en retirer le maximum de bénéfices.

Bien qu'elle ne soit pas à proprement parler une méthode d'exercice, une brève explication de la technique Alexander a tout à fait sa place quand il s'agit de réduire et de maîtriser le stress. Car les praticiens de la technique Alexander concentrent leur enseignement sur la correction des mauvaises postures que nous avons pris l'habitude d'adopter au cours des années. Le fait d'apprendre à identifier ces habitudes pour s'en débarrasser peut être particulièrement libérateur pour les personnes qui réagissent aux situations stressantes en contractant inconsciemment leurs muscles et en déformant leur maintien. Ce sont ces mauvaises habitudes posturales qui, à long terme, peuvent causer des maux de tête, des douleurs et des raideurs généralisées dans le dos, accroissant tension et rigidité dans les articulations et les muscles.

La technique Alexander nous apprend que les émotions que nous ressentons affectent profondément notre posture et, à l'inverse, que la façon dont nous nous tenons influence fortement notre état d'esprit. Par exemple, lorsque nous sommes tendus et anxieux, nous ignorons sans doute que nous serrons la mâchoire, que le cou et les muscles des épaules se tendent et deviennent rigides. Par ailleurs, si nous avons tendance à garder les yeux au sol et à adopter instinctivement une posture affaissée, les épaules rentrées, nous allons probablement découvrir que nous manquons de confiance et que la plupart du temps nous nous sentons abattus et déprimés. En outre, parce que ces mauvaises postures accaparent une part importante de notre énergie, elles accroissent nos sensations générales d'ennui, de mollesse et de lassitude. Cela ne présente que l'aspect négatif de la situation.

Dès l'instant où nous prenons conscience de la nécessité de modifier notre maintien, le voyage libérateur vers la découverte et la conscience de soi commence ; nous voilà en mesure de composer beaucoup plus efficacement avec l'anxiété et les situations tendues grâce au simple fait de changer notre posture. Nous découvrons aussi que les sentiments d'anxiété et de dépression diminuent à mesure que nous devenons plus conscients de notre corps et que nous apprenons à nous tenir de manière plus équilibrée et plus détendue. En d'autres mots, si ce que nous ressentons peut affecter notre posture, nous pouvons inverser le processus et influencer positivement notre état d'esprit en modifiant nos habitudes posturales.

Il est plus difficile qu'il n'y paraît de corriger des habitudes posturales enracinées et bien établies. Nous allons probablement nous surprendre à vouloir reprendre nos anciennes postures — même si elles avaient vraisemblablement des effets négatifs — simplement parce qu'elles nous semblent plus confortables et familières. Mais cela vaut vraiment la peine de persévérer, car une fois que nous aurons maîtrisé la pratique de la technique Alexander, nous aurons en main un outil pratique et efficace en période de tension extrême et de crise émotionnelle.

L'apprentissage de la technique Alexander doit se faire sous la supervision d'un praticien diplômé ; il est inutile d'essayer de maîtriser la méthode par soi-même à l'aide d'un livre. Les cours se donnent habituellement en séances privées, un professeur suivant de près son élève afin qu'il exécute correctement les gestes de tous les jours : s'asseoir ou se relever, par exemple. Dès que le sujet commence à maîtriser les postures, son professeur lui enseigne des exercices supplémentaires à exécuter régulièrement à la maison.

Le taï chi

Le taï chi a été mis au point en tant qu'art martial en Chine il y a plus de mille ans. Au fil des années, cette technique de méditation en mouvement a acquis la réputation de pouvoir équilibrer les niveaux d'énergie et de favoriser une plus grande harmonie entre l'esprit, les émotions et le corps. La pratique régulière du taï chi a pour but de procurer un sentiment accru de tranquillité et une plus grande confiance en soi, tout en améliorant le tonus musculaire.

La pratique du taï chi comprend une série de mouvements qui s'enchaînent de façon continue pendant que la respiration se fait consciente et régulière. On pense que cette pratique stimule et améliore la circulation de l'énergie à travers le corps pendant qu'au même moment elle relaxe les muscles et améliore la circulation sanguine. Articulations plus souples, muscles tonifiés et plus flexibles et posture améliorée sont des effets bénéfiques du taï chi. À l'instar de la technique du Qi gong, le taï chi, s'il est pratiqué régulièrement, devrait améliorer l'équilibre physique et la coordination générale.

Comme pour les autres techniques, il est très important de suivre d'abord un cours de taï chi afin d'apprendre à exécuter correctement les mouvements de base ; entreprendre la pratique d'une discipline sans en apprendre les rudiments peut saper les bénéfices que l'on en attend.

Parce que le taï chi contribue à nous rendre conscients de nos gestes et de notre respiration, il peut être particulièrement utile à ceux d'entre nous qui font de l'hyperventilation dès qu'ils sont stressés ou anxieux. Être conscient de notre manière de respirer est le premier pas à faire, et il est crucial, pour parvenir à modifier nos réactions négatives.

Ci-dessous : LE TAÏ CHI PEUT AIDER À AMÉLIORER L'ÉQUILIBRE GÉNÉRAL ET LA COORDINATION MUSCULAIRE. À droite : FAITES EN SORTE QUE L'EXERCICE RÉGULIER DEVIENNE UNE PARTIE INTÉGRANTE DE VOTRE VIE.

Visez l'efficacité : intégrez l'exercice à votre vie

- La première règle à observer pour intégrer efficacement une technique de mise en forme dans notre quotidien est de ne rien compliquer. Beaucoup de gens croient qu'il est nécessaire de s'astreindre à une discipline draconienne pour être en bonne condition physique. C'est précisément cette fausse croyance qui nous incite à nous inscrire à un programme de gymnastique après Noël et de nous y adonner quatre soirs par semaine dans l'espoir de nous retrouver en excellente forme pour l'été. Malheureusement, c'est le genre d'approche qui conduit bien souvent à l'échec, parce que nous avons vu trop grand : l'activité enthousiaste des premières semaines dans la salle d'exercices se réduit bientôt à presque rien dès que les engagements habituels reviennent à l'horaire, ce qui diminue notre engouement. Le pire, cependant, c'est que cette décision bien intentionnée, mais irréaliste au départ, nous laisse un sentiment de culpabilité qui augmente notre niveau de stress négatif au lieu de le diminuer.

- Il importe de bien identifier le moment de la journée qui convient à notre programme d'exercices. Nous avons tous une constitution et une horloge biologique qui nous sont propres : certains sont à leur meilleur tôt le matin, avant d'entreprendre la routine du jour, tandis que d'autres sont mieux disposés au début de la soirée. Développer cette faculté de perception est utile en soi, apprendre ce qui convient le mieux à notre corps nous permet d'être en harmonie avec nous-mêmes.

- Efforcez-vous d'être réaliste en ce qui concerne le temps que vous pouvez consacrer à votre programme d'exercices et prenez en compte le fait qu'il s'agit d'un engagement à long terme, non d'un engouement passager. Si votre ambition est raisonnable et qu'elle tient compte de vos obligations, vous devriez découvrir qu'il vous est possible de vous engager jusqu'au bout dans un programme de mise en forme. Gardez toujours à l'esprit qu'établir une routine régulière est le meilleur moyen — et le plus facile — d'y demeurer fidèle. Une fois que vous aurez établi cette routine, vous voudrez probablement consacrer plus de temps à votre entraînement parce que vous serez plus conscient des multiples bienfaits qu'il vous procure. Et cela vaut vraiment le coup de progresser lentement et naturellement, au fil des étapes du programme que vous aurez retenu. Au fur et à mesure des changements et des améliorations, votre intérêt se maintiendra et croîtra au point où vous ne voudrez pour rien au monde renoncer à votre entraînement.

- Plus important que tout, prenez le temps de bien évaluer quel programme ou quelle combinaison de programmes est le plus compatible avec votre tempérament, vos goûts et vos intérêts. Après tout, il ne sert à rien de vous astreindre à assister à un cours de taï chi si vous passez votre temps à regretter de ne pas être en train de nager. Par ailleurs, prenez le temps d'examiner les nouvelles disciplines avant de décider qu'elles ne vous conviennent pas. Si un cours vous ennuie et ne vous inspire pas, n'hésitez pas à l'abandonner et à en choisir un autre ; autrement, vous risquez de vous démoraliser au point de vouloir abandonner toute idée même de programme d'exercices.

Se dorloter : dissiper le stress en mettant le corps aux petits soins

NOUS AVONS TOUS BESOIN DE NOUS OFFRIR DE TEMPS À AUTRE UNE SÉANCE COMPLÈTE DE SOINS POUR LE CORPS. CE CHAPITRE DÉMONTRE À QUEL POINT IL EST BÉNÉFIQUE DE SE PRÉLASSER DANS LES DOUCEURS D'UN TRAITEMENT VISANT À NOUS DÉTENDRE. AVANT QUE CE GENRE D'ATTENTIONS NE COMMENCE À VOUS SEMBLER TROP HÉDONISTE OU NE VOUS INSPIRE UN SENTIMENT DE CULPABILITÉ, EFFORCEZ-VOUS DE GARDER EN TÊTE QUE LE FAIT D'ÉPROUVER DU PLAISIR (EN PLUS D'ÊTRE AGRÉABLE EN SOI) A UN EFFET POSITIF SUR LA SANTÉ.

Il a été démontré que les effets négatifs dus à des expériences stressantes nous rendent plus vulnérables à certains problèmes tels l'hypertension, le syndrome du côlon irritable et les maladies dégénératives du cœur alors que, au contraire, les expériences plaisantes sont sources de bienfaits pour la santé. Il a été prouvé aussi que notre système immunitaire peut s'affaiblir par le rappel de souvenirs stressants ou bouleversants tandis que nous remémorer délibérément des expériences agréables tend à le renforcer. De la même manière, il semble bien que le rire, les relations sexuelles et la recherche de sensations agréables soient bénéfiques pour la santé.

Sachant que les problèmes reliés au stress tendent à devenir plus intenses faute de temps à nous consacrer à nous-mêmes, il apparaît très sage de réserver un moment dans notre emploi du temps pour nous ressourcer et recharger nos batteries mentales, émotionnelles et physiques.

Dissiper le stress : l'importance du massage

Le massage est l'un des traitements les plus relaxants et les plus agréables qui soient. Comme c'est le cas pour tant d'autres thérapies utilisant le contact des mains, quand nos muscles sont tendus, contractés et rigides, le massage produit un effet relaxant immédiat.

Lorsque nous sommes particulièrement tendus et stressés, n'hésitons pas à faire une chose aussi simple que prendre un rendez-vous pour une séance de massage. Se savoir à l'abri des pressions de toutes sortes dans un lieu où personne ne peut nous joindre est déjà en soi un réconfort et une détente.

Si un massage intégral régulier ne convient pas à votre horaire ou qu'il s'avère trop coûteux, songez à un traitement hebdomadaire qui se concentre sur la région des épaules et du cou, étant donné que beaucoup de problèmes reliés au stress — comme certains maux de tête, les migraines et les douleurs au dos — s'aggravent par une tension persistante ou sévère dans le cou et les épaules.

À gauche : **SE RÉSERVER UNE PÉRIODE DE TEMPS POUR SE DORLOTER DANS UN SPA OU À LA MAISON FAVORISE GRANDEMENT LA RELAXATION ET LA DÉTENTE.**

Ci-dessus : **UTILISEZ UNE HUILE DE MASSAGE APPROPRIÉE AFIN D'ÉVITER D'IRRITER OU DE MEURTRIR VOTRE PEAU.**
À droite : **À LA FIN D'UNE JOURNÉE CHARGÉE, UN MASSAGE FACIAL VOUS PROCURERA UN APAISEMENT EN PROFONDEUR.**

N'oubliez pas que vous pouvez aussi tirer profit des effets relaxants d'un massage que vous prenez vous-même littéralement en main et l'adopter comme un traitement à vous offrir une fois la semaine. Le visage, les épaules, les mains et les pieds sont toutes des parties du corps faciles à atteindre et qui pourraient profiter avantageusement d'un automassage.

Les techniques d'automassage

Pour obtenir les meilleurs effets, utilisez une huile appropriée qui permet à vos mains de glisser en douceur sur toute la surface de la peau, sans la tirer ou l'irriter, particulièrement dans les régions délicates du visage et du cou.

Pour le visage, utilisez un gel spécialement conçu pour le massage facial ou une simple huile d'amande, d'olive ou de jojoba. Commencez par vous asseoir confortablement : la séance complète peut durer jusqu'à trente minutes, plus si vous désirez masser plusieurs parties. Plus important encore, faites en sorte que l'atmosphère de la pièce où vous vous trouvez soit relaxante et apaisante. Elle devrait être chaude et confortable ; les bougies et la musique peuvent créer une ambiance agréable et sensuelle.

Le visage

1 Après avoir réchauffé dans le creux de votre main une petite quantité d'huile ou de gel, commencez par la peau délicate du cou. Prenez soin de procéder toujours par touches légères pour éviter de tirer ou de tendre la peau délicate de cette région.

2 Massez le cou d'un côté à l'autre, avec de légers mouvements vers le haut : idéalement, une main devrait suivre l'action de l'autre d'une manière continue et rythmée. Poursuivez ces mêmes mouvements pendant trois minutes environ.

3 Placez les pouces sur la partie située juste sous le menton, le bout des doigts au-dessus. Lentement, massez vers l'extérieur dans des mouvements de pincements légers, jusqu'à ce que vous atteigniez le lobe des oreilles ; normalement, en quatre mouvements pincés vous devriez couvrir la distance complète. Puis, répétez la séquence dix fois.

4 Ensuite, avec les deux index, commencez près du nez en faisant de petites pressions et massez lentement le long des os supérieurs des joues. Utilisez le bout des doigts et procédez par mouvements doux et réguliers, en pressant puis en relâchant, jusqu'à ce que vous atteigniez la zone de l'articulation de la mâchoire (souvent appelée le joint JTM, pour « joint temporo-mandibulaire »). Répétez ce mouvement dix fois, en partant chaque fois du point initial, près du nez.

5 Le fait de masser doucement la peau délicate de la région des yeux en augmente l'hydratation si essentielle. Cette opération permet une circulation plus efficace du fluide lymphatique et contribue au drainage des sécrétions et des toxines accumulées. Commencez par le bord externe de l'os orbital, utilisant le majeur de chaque main pour faire une pression ferme et douce, et massez la partie inférieure de l'orbite par des mouvements ascendants, en allant du nez jusqu'aux sourcils, puis revenez au point de départ au bord extérieur de l'œil. Répétez ce mouvement dix fois. Rappelez-vous de ne jamais faire de mouvements qui tirent sur la peau et assurez-vous que la pression de vos doigts est rythmée, légère et ferme pendant que vous massez.

Les épaules

1 Commencez à l'avant, plaçant l'index et le majeur de chaque main sous la partie intérieure de la clavicule à la base du cou. Massez en allant de l'extérieur vers l'articulation de l'épaule, avec de légers mouvements de pression/relâchement ; vous devriez pouvoir couvrir cette distance en quatre mouvements, approximativement. Une fois que vous avez atteint la zone extérieure de l'articulation de l'épaule, retournez à la position originale et recommencez. Répétez cinq fois.

2 Travaillez l'arrière de votre épaule gauche en utilisant les trois doigts du milieu de la main droite. Massez le grand muscle triangulaire situé derrière la région de l'épaule en appliquant des mouvements circulaires et rythmés, travaillant vers l'intérieur, du bord externe de l'épaule jusqu'à la colonne vertébrale. Faites des pressions suffisamment fermes pour libérer la tension si souvent accumulée dans cette région. Attardez-vous aussi longtemps que vous en ressentez le besoin sur l'épaule gauche avant de passer à l'épaule droite et de la masser de la même façon avec, cette fois, les trois doigts de la main gauche.

Les mains

1 Le pouce sur le dessus et l'index en dessous du doigt à masser, avancez rythmiquement le long de chaque doigt, et massez en montant de la base du doigt jusqu'à son extrémité. Commencez sur la main gauche, utilisant le pouce droit et l'index pour masser le pouce, puis traitez tous les doigts chacun leur tour jusqu'au petit doigt. Répétez trois fois sur chaque main avant de détendre la paume de la main gauche en la massant avec votre pouce droit dans un mouvement circulaire. Faites de même avec la main droite, puis terminez en utilisant les trois doigts du milieu de la main droite pour détendre le dos de votre main gauche en effectuant des petits mouvements rythmés, en massant de la base des doigts jusqu'au poignet. Répétez le processus sur la main droite.

Les pieds

Il est surprenant de découvrir à quel point nos pieds — et nos mains — sont contractés, et ce, sans que nous en prenions conscience. Nous ne nous souvenons de l'existence de nos pieds et de nos mains que lorsqu'ils montrent des signes d'inconfort ou qu'ils nous font vraiment souffrir ; le plus souvent, nous les négligeons. Offrir à nos pieds un massage humidifiant et relaxant est une promesse de grande détente : après leur avoir porté attention, nous ressentons une sensation de profonde relaxation. Pour une séance particulièrement vivifiante, assurez-vous de frotter chaque zone rugueuse avec un exfoliant avant de commencer votre massage.

1 Massez d'abord la plante de chaque pied au complet par des mouvements circulaires fermes et rythmés. N'allez pas vers la partie supérieure du pied avant que la plante soit entièrement détendue. Utilisez le bout du pouce et avancez par petits mouvements circulaires, partant des orteils et remontant le pied jusqu'à la cheville.

À gauche : Le cou et les épaules accumulent beaucoup de tension. Ci-dessous : Repérez les points sensibles de la plante des pieds pour soulager la douleur et améliorer la circulation.

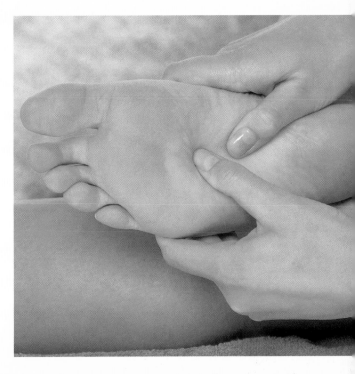

Un remontant énergétique : l'hydrothérapie maison

Lorsque nous accumulons un excès de stress négatif, nous finissons ordinairement par nous sentir paresseux, ternes et fatigués. Et cet état sera aggravé par une accumulation des déchets toxiques dans nos tissus — résultat de mauvaises habitudes alimentaires et d'un mode de vie sédentaire (que cela vienne de nos choix ou de la pression causée par le stress). Dans pareille situation, nous pouvons fournir à notre organisme le soutien énergétique dont il a intensément besoin en prenant immédiatement des mesures pour stimuler la circulation du fluide lymphatique dans notre organisme, tout en corrigeant notre façon de nous alimenter. Nous pouvons très facilement le faire à la maison, en établissant la pratique quotidienne d'une combinaison de la simple hydrothérapie et du brossage de la peau.

Le brossage de la peau sèche

Nous sommes responsables de la circulation efficace du fluide lymphatique dans notre organisme. Le fluide sert à éliminer les toxines, à apporter les éléments nutritifs à nos tissus et à faire en sorte que notre système immunitaire fonctionne au maximum de sa capacité. En adoptant un régime propre à stimuler un bon drainage lymphatique, nous allons découvrir que la fatigue devient de moins en moins un problème et que les signes de vieillissement prématuré, liés à la dégénérescence des cellules, ont plutôt tendance à être retardés. De plus, la formation de la cellulite (la «peau d'orange» qui a la détestable habitude de recouvrir les fesses et les hanches) devrait s'atténuer.

On a vanté les mérites du brossage de la peau sèche, constatant que c'est l'une des méthodes les plus efficaces et les plus directes pour stimuler la circulation du liquide lymphatique. Tout ce dont nous avons besoin, c'est d'une brosse au poil naturel et ferme.

- Mettez littéralement la main à la pâte et procédez chaque jour à un brossage de la peau sèche avant la douche du matin ou avant le bain du soir.
- En commençant par les pieds et en procédant par de larges mouvements ascendants — comme si

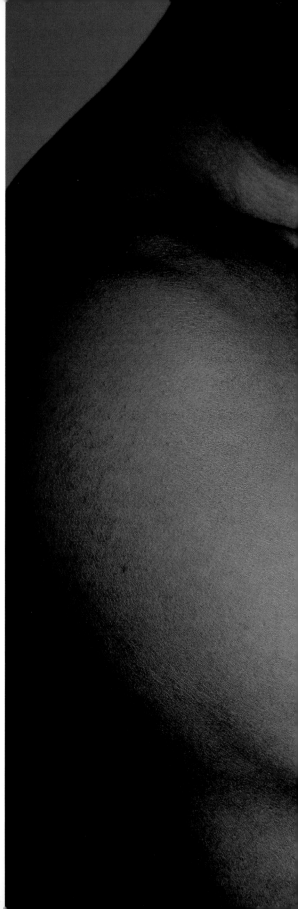

À gauche : **LE BROSSAGE DE LA PEAU SÈCHE, TOUT SIMPLE QU'IL SOIT, FAVORISE UN DRAINAGE EFFICACE DU FLUIDE LYMPHATIQUE.**

vous balayiez — , brossez le devant et l'arrière des jambes, en portant une attention particulière aux hanches et aux fesses.

- Appuyez fermement, mais pas trop, et évitez toujours de brosser les parties où il y a une irritation ou une inflammation de la peau et les endroits où des veines sont brisées.
- Quand vous brossez le haut du corps, faites-le soit en montant, soit en descendant, en appliquant des mouvements doux toujours dirigés vers le cœur.
- Il n'est pas utile de tomber dans l'excès : une séance quotidienne devrait suffire pour stimuler la circulation et faciliter le drainage du fluide lymphatique.

Techniques simples d'hydrothérapie

L'hydrothérapie pratiquée régulièrement a la réputation d'être vivifiante et de procurer une sensation de bien-être psychique, émotionnel et physique. Il semble aussi qu'elle embellit la peau, offre une meilleure protection contre les infections mineures récurrentes et favorise une bonne circulation. De plus, elle stimule les fonctions des reins, des intestins et des poumons, augmentant ainsi leur efficacité et intensifiant l'élimination des toxines.

Les stations thermales européennes offrent des traitements d'hydrothérapie depuis de nombreuses années : on dirige les jets d'eau à très forte pression sur des parties précises du corps pour stimuler la circulation. Or, nous pouvons profiter des mêmes effets bénéfiques de l'hydrothérapie à la maison à l'aide d'une chose aussi peu sophistiquée qu'une douchette à main (douche téléphone).

N.B. : *Toute personne qui jouit d'une bonne santé générale et ne souffre d'aucune maladie chronique peut sans hésitation expérimenter l'hydrothérapie. Si vous êtes dans le doute à ce sujet ou si vous souffrez d'angine, d'une maladie du cœur, de psoriasis, d'eczéma, de varices ou d'ulcères variqueux, vous devez d'abord demander l'avis d'un médecin.*

- Pour profiter au maximum des bienfaits d'une séance d'hydrothérapie, procédez en premier lieu à un brossage de la peau. Puis prenez une douche chaude qui réchauffera complètement votre corps. Enchaînez avec une douche froide rafraîchissante d'une durée approximative de vingt secondes.
- Après cela, reprenez une douche chaude et, dès que vous vous sentez agréablement réchauffé, terminez avec un second court et rapide jet d'eau froide.
- Si une douche froide de vingt secondes vous semble trop longue au début, allez-y progressivement d'une fois à l'autre. Souvenez-vous que le but visé est le bien-être et la santé, et qu'il s'agit d'expériences plaisantes ; il n'est pas nécessaire de vous refroidir au point de claquer des dents. Par ailleurs, si vingt secondes vous semble supportable, gardez à l'esprit qu'il y a toujours le risque d'en faire trop. Par exemple, il est absolument déconseillé de rester plus de trente secondes sous la douche froide.
- Évitez de commencer avec la douche froide, particulièrement si vous avez froid. Pour obtenir le maximum de bienfaits, commencez toujours par la douche chaude.
- Un rapide jet d'eau froide peut aider à raffermir les régions du corps qui montrent des signes d'affaissement et celles où la peau manque de tonus. Les parties qui demandent généralement une attention particulière sont les hanches, les bras (entre le coude et l'épaule) et la poitrine.
- À la fin de la séance d'hydrothérapie, laissez votre peau sécher naturellement dans une pièce ayant une température stable et chaude, plutôt que de l'assécher rapidement à l'aide d'une serviette-éponge pour gagner du temps.

Solutions parfumées : les traitements d'aromathérapie

Classée parmi les thérapies alternatives les plus réputées, l'aromathérapie est reconnue pour procurer un sentiment de bien-être et favoriser l'équilibre émotionnel, psychique et physique. Les produits de base de cette thérapie — des huiles essentielles hautement concentrées — s'utilisent de façons variées, selon nos préférences et certaines limites d'ordre pratique. En général, on les utilise :

- Vaporisées ou inhalées
- Ajoutées à une huile mère, dans des mélanges spéciaux, pour les massages
- Ajoutées à l'eau du bain pour créer une expérience relaxante, vivifiante et sensuelle

Dans l'ensemble des moyens à prendre pour vaincre le stress, l'aromathérapie est l'un des plus efficaces et des plus agréables à utiliser pour nous aider à décompresser et à relaxer. Les huiles essentielles doivent d'abord être mêlées à l'eau pour pouvoir être vaporisées. Par contre, pour faire une huile de massage, mettez les diverses huiles essentielles dans une bouteille en verre propre (de couleur verte, de préférence, si vous avez l'intention de conserver l'huile), ajoutez une huile de base (huile d'amande, par exemple), puis agitez suffisamment pour que les ingrédients se mélangent. Souvenez-vous de remuer de nouveau le contenu avant l'utilisation. L'effet qu'aura l'huile de massage est déterminé par les propriétés individuelles de chaque type d'huile utilisée. On peut avoir recours aux mélanges suivants d'huiles essentielles soit pour réveiller les sens, soit pour neutraliser le stress.

À gauche et ci-dessous : L'EAU, QUI PEUT AVOIR UN EFFET ÉNERGISANT SOUS LA DOUCHE (SOUS FORTE PRESSION OU NON), A DES PROPRIÉTÉS CALMANTES DANS LA BAIGNOIRE.

MÉLANGE POUR UN MASSAGE ANTISTRESS

Ajoutez huit gouttes d'huile essentielle de bergamote, trois gouttes d'huile essentielle de sauge sclarée, trois gouttes d'huile essentielle de néroli et cinq gouttes d'huile essentielle d'oliban à 50 ml (3 c. à soupe) d'une huile mère (soit une huile d'amande ou de tournesol non raffinée).

MÉLANGE POUR UN MASSAGE REVIGORANT

Ajoutez quatre gouttes d'huile essentielle de citron, huit gouttes d'huile essentielle de coriandre, quatre gouttes d'huile essentielle de néroli et trois gouttes d'huile essentielle d'ilang-ilang à 50 ml (3 c. à soupe) d'une huile mère.

MÉLANGE POUR UN MASSAGE FAVORISANT LE SOMMEIL

Ajoutez 12 gouttes d'huile essentielle de lavande, huit gouttes d'huile essentielle de néroli et cinq gouttes d'huile essentielle de rose à 50 ml (3 c. à soupe) d'une huile mère.

MÉLANGE POUR SOULAGER L'ANXIÉTÉ

Ajoutez six gouttes d'huile essentielle de genièvre, trois gouttes d'huile essentielle de rose Otto, cinq gouttes d'huile essentielle de bois de cèdre et cinq gouttes d'huile essentielle de bois de santal à 50 ml (3 c. à soupe) d'une huile mère d'amande ou de tournesol non raffinée.

MÉLANGE POUR SOULAGER LES MAUX DE TÊTE

Ajoutez deux gouttes d'huile essentielle de menthe poivrée, cinq gouttes d'huile essentielle de lavande et cinq gouttes d'huile essentielle d'eucalyptus à une crème ou une base de gel. Appliquez-en une petite quantité à l'arrière du cou et sur les tempes.

MÉLANGE REVITALISANT À VAPORISER

Ajoutez cinq gouttes d'huile essentielle de cyprès, cinq gouttes d'huile essentielle de pin et dix gouttes d'huile essentielle de romarin à 100 ml (3 ½ oz) d'eau dans une bouteille de verre de couleur foncée. Agitez bien le contenu, puis versez dans un vaporisateur d'huile essentielle conçu à cet effet. Utilisez ce mélange chaque fois que vous vous sentez stressé ou dépassé par une situation.

À gauche : L'HUILE ESSENTIELLE DE ROSE POSSÈDE DES PROPRIÉTÉS EXTRAORDINAIREMENT CALMANTES, ALORS QUE L'HUILE DE ROMARIN PRODUIT DES EFFETS VIVIFIANTS. À droite : VAPORISER DES HUILES ESSENTIELLES EST UN MOYEN SIMPLE DE FAIRE BÉNÉFICIER LA MAISON ET LE BUREAU DE LEURS PROPRIÉTÉS RELAXANTES ET ÉQUILIBRANTES POUR L'HUMEUR.

Merveilleux bain :
un spa à la maison

Nous éprouvons tous le besoin de nous retirer à l'écart quand nous sommes tendus ou stressés à l'extrême. Décider quelle pièce de la maison va être transformée en sanctuaire à l'abri du stress est une affaire de goût personnel. Certains peuvent préférer instinctivement leur chambre pour se concentrer alors que d'autres useront d'imagination pour aménager un lieu favorisant la tranquillité.

La salle de bains, une pièce qui favorise déjà l'intimité, le plaisir sensuel et la relaxation, possède beaucoup d'atouts pour devenir ce sanctuaire. Cela vaut donc la peine de prendre le temps de réfléchir à la manière de la rendre le plus agréable possible. Les suggestions suivantes sont là pour vous inspirer ; mais laissez libre cours à

À gauche : LA LUEUR VACILLANTE D'UNE CHANDELLE DANS LA SALLE DE BAINS CRÉE UNE ATMOSPHÈRE RELAXANTE.
Ci-dessous : LES INFUSIONS DE PLANTES AJOUTÉES À L'EAU DU BAIN PEUVENT AIDER À DÉCOMPRESSER.

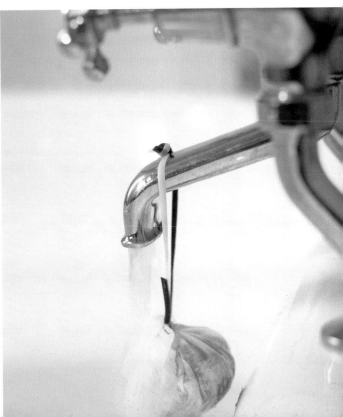

votre propre imagination, car elle peut vous guider pour créer un refuge personnalisé et rassurant où vous vous sentirez entièrement protégé des rigueurs de la vie.

- Songez à adoucir l'éclairage de la salle de bains par une utilisation créative de chandelles. De nos jours, vous pouvez acheter toutes sortes de chandeliers tous aussi ingénieux les uns que les autres : le « chandelier du bain » est peut-être l'un des plus suggestifs : il s'agit d'un support détachable qu'on place sur le côté de la baignoire, qui comprend, en plus d'un espace pour insérer une chandelle, un petit disque circulaire d'une dimension parfaite pour y déposer une flûte à champagne.

- Quand vous choisissez des chandelles, optez pour celles qui sont parfumées à l'huile essentielle, ce qui réjouira deux de vos sens à la fois.

- Souvenez-vous que si voulez vous détendre complètement, vous avez aussi besoin de combler votre sens de la vue. Quand vous décorez votre salle de bains, choisissez des combinaisons de couleurs qui vous plaisent, peu importe si elles semblent peu agréables aux yeux des autres. Ajoutez des pochoirs ou suspendez des tableaux, des photos ou des estampes que vous aimez (mais souvenez-vous que la vapeur environnante peut endommager certains de ces éléments décoratifs).

- Un conseil : assurez-vous que votre salle de bains est bien chauffée. Il n'y a rien de moins relaxant que d'être frigorifié quand on a besoin de se détendre et de lâcher prise sur le stress de la journée.

- Investissez dans l'achat de serviettes de bain douces, de bonne qualité et agréables au toucher. De même, les peignoirs de bain devraient être d'un coton de bonne qualité pour éviter un contact rude sur la peau.

- Vous serez sans doute étonné de constater à quel point il peut être thérapeutique de faire un bon petit ménage dans la pièce. Jetez tout ce qui n'est pas utile et qui ne vous sert pas à vous détendre.

- Pour évacuer la tension et vous aider à dormir, faites l'expérience d'ajouter à l'eau de votre bain deux ou trois poignées de sel marin de la mer Morte et cinq gouttes d'huile essentielle de lavande ou de bois de santal. Puis laissez-vous bercer dans l'eau chaude pendant environ dix minutes avant d'enlever le sel de votre corps sous une douche chaude apaisante. Enveloppez-vous dans un chaud peignoir de bain, dégustez une infusion de camomille, éteignez la lumière et glissez-vous le plus tôt possible sous les couvertures de votre lit pour vous relaxer.

À gauche : POUR VOS ACCESSOIRES DE SALLE DE BAINS, CHOISISSEZ DES COULEURS QUI ONT SUR VOUS UN EFFET THÉRAPEUTIQUE. À droite : TOUT EN FAVORISANT LA DÉSINTOXICATION, LES SELS DE LA MER MORTE PEUVENT EXERCER UNE ACTION SIGNIFICATIVE SUR LA RÉDUCTION DU STRESS.

7 Retrouver l'équilibre : des solutions alternatives efficaces aux symptômes de stress

CE CHAPITRE PROPOSE DES SOLUTIONS RAPIDES POUR LE TRAITEMENT DE QUELQUES-UNES DES MALADIES LES PLUS COURANTES AUXQUELLES NOUS SOMMES EXPOSÉS APRÈS AVOIR ÉTÉ TROP LONGTEMPS SOUMIS AU STRESS NÉGATIF. IL CONTIENT EN OUTRE, EN RAPPORT AVEC NOTRE MODE DE VIE, D'AUTRES CONSEILS POUR SOULAGER LA PRESSION QUAND RIEN NE VA PLUS. LES MESURES À APPLIQUER SOI-MÊME QUI Y SONT DÉCRITES S'APPUIENT SUR LES PRATIQUES DE L'HOMÉOPATHIE, DE LA PHYTOTHÉRAPIE ET DE L'AROMATHÉRAPIE.

Seules les mesures reconnues pour ne créer aucune dépendance ont été retenues et, de façon générale, seulement celles qui ne risquent pas de provoquer des effets secondaires. Si vous entretenez quelque doute que ce soit sur l'utilité de suivre un traitement plutôt qu'un autre, par exemple, parce que vous prenez déjà des médicaments d'ordonnance, n'hésitez pas à demander un avis médical — soit à votre médecin traitant, soit au pharmacien de votre quartier, soit à un thérapeute en médecine douce.

Si, après avoir adopté l'une des mesures suivantes, vous n'éprouvez qu'une brève amélioration de votre bien-être général ou en rapport avec un problème spécifique, ne concluez pas trop vite à l'impossibilité d'avoir un meilleur résultat. Consultez plutôt un thérapeute en médecine douce qui pratique dans le domaine qui vous

intéresse et décrivez-lui ce qui s'est produit pendant l'automédication et les réactions qui ont suivi.

Les traitements naturels pour soulager l'anxiété

L'anxiété se manifeste sous de multiples facettes et peut, par conséquent, présenter une très grande variété de symptômes. Nous sommes probablement tous familiers avec les « papillons dans l'estomac », cette sensation d'émoi intérieur qui se produit dans l'expectative de quelque chose d'excitant ou d'exigeant, mais qui tend à disparaître aussitôt que l'événement est passé et que l'on peut décompresser et se relaxer. Même s'il n'est qu'un symptôme mineur, le phénomène bien connu du trac n'en illustre pas moins à quel point l'anxiété ou le fait de « vivre sur les nerfs » peut nous affecter.

À l'autre bout du spectre, c'est la situation extrême, alors que des symptômes majeurs d'anxiété peuvent — de manière troublante — surgir de nulle part, sans cause évidente. Les attaques de grande envergure sont susceptibles d'affecter tout l'organisme ; nous nous sentons pris de vertige, à bout de souffle, malades et submergés par la panique. Une anxiété sévère négligée peut même faire de chaque jour de notre vie une lutte constante, car dans ce contexte, les problèmes mineurs risquent de s'amplifier et, si on se laisse miner notre confiance, comme s'ils

À gauche : **LES TECHNIQUES DE RELAXATION PEUVENT ÊTRE D'UN PRÉCIEUX SECOURS POUR AIDER À DÉCROCHER, NE SERAIT-CE QUE BRIÈVEMENT, DES SCHÉMAS DE PENSÉE ANXIOGÈNES.**

Ci-dessus : **Les états d'anxiété peuvent prendre l'allure d'une escalade au travail, si ce que l'on exige de nous nous apparaît impossible à réaliser.** À droite : **La technique de la respiration par le diaphragme aide à concentrer l'esprit et à relaxer le corps.**

des médicaments qui non seulement soulagent avec beaucoup d'efficacité les symptômes de l'anxiété, mais préviennent les problèmes de dépendance habituellement associés à l'usage prolongé d'une médication traditionnelle comme les tranquillisants.

De plus, il importe de garder à l'esprit que si la situation est particulièrement grave, un praticien de médecine parallèle peut être également capable de vous procurer le soutien moral dont vous avez besoin en recourant à une médication conventionnelle. Voici la liste des symptômes les plus courants de l'anxiété, dont la gravité peut varier :

- Palpitations (la conscience de battements de cœur rapides ou irréguliers)
- Nausée
- Transpiration
- Étourdissements
- Picotements dans les mains et dans les bras
- Respiration rapide et superficielle
- Bouche sèche
- Crampes douloureuses à l'estomac et à l'abdomen
- Sommeil agité
- Frissons et tremblements musculaires

La respiration

Pour parvenir à surmonter les sentiments de panique et d'anxiété, l'une des choses les plus importantes que nous puissions faire est d'apprendre à contrôler notre respiration. Notre tendance naturelle, lorsque nous subissons beaucoup de stress, est de respirer vite et de façon superficielle, en utilisant la partie supérieure de la poitrine. En fait, cela ne fait qu'empirer la situation, parce que cette manière de respirer provoque un déséquilibre au niveau des gaz (oxygène et gaz carbonique) contenus dans notre sang, de sorte que nous devenons encore plus tendus et anxieux.

D'un autre côté, si nous savons comment utiliser les bonnes méthodes de respiration pour créer un état de relaxation et rendre nos idées plus claires, nous ne nous retrouverons plus — même stressés — en situation de perte de contrôle.

Cette manière de respirer — respiration par le diaphragme ou respiration profonde abdominale — est une technique de contrôle de la respiration qu'enseigne le yoga. Elle a été mise au point à partir de l'idée très simple que la majorité des gens n'utilisent pas la partie inférieure de leurs

rongeaient notre force intérieure, l'anxiété peut quelquefois se transformer en une réelle phobie.

Une personne qui éprouve des symptômes d'anxiété modérés causés par un niveau de stress sans cesse grandissant au travail ou à la maison se situe quelque part entre ces deux extrêmes, une position idéale pour tirer parti des méthodes suggérées ici et que l'on peut mettre en pratique soi-même. Elles peuvent faire toute la différence, parce qu'elles nous aident à passer à travers les turbulences de l'anxiété causées par un surcroît passager de stress. Une fois que ces méthodes auront commencé à produire leur effet, nous allons connaître un temps de répit. C'est à ce moment-là que nous serons en mesure de faire le point et que nous pourrons essayer de trouver des façons de composer plus efficacement avec le stress.

Par ailleurs, si vous sentez que la situation est telle que les méthodes à appliquer soi-même ne suffisent pas, vos symptômes s'étant amplifiés démesurément, ne tentez pas de rejeter d'emblée les thérapies qui sont douces, par définition, ou alternatives. Au contraire, cela vaut toujours la peine de consulter un spécialiste de ce genre de médecine, tel un homéopathe ou un praticien de la phytothérapie occidentale, parce que ces thérapeutes travaillent avec

poumons quand ils respirent et que cela est encore plus marqué lorsqu'ils sont stressés, alors que, ironiquement, c'est précisément dans ces moments-là qu'ils ont besoin d'utiliser la pleine capacité de leurs poumons pour se calmer.

Pour apprendre à profiter des avantages de la respiration par le diaphragme, observez d'abord votre manière habituelle de respirer. Assoyez-vous sur une chaise à dossier droit et placez une main sur votre ventre, pas trop loin du nombril. À cette étape, ne changez pas votre façon de respirer : observez seulement ce qui se passe. Vous constaterez très probablement que votre main bouge à peine. Maintenant, prenez une longue et profonde respiration pour remplir d'air vos poumons du haut jusqu'en bas. Tandis que vos poumons se dilatent au maximum, vous remarquerez que votre main se soulève. Alors que vous expirez et que vos poumons se vident de la partie inférieure jusqu'à la partie supérieure, votre main redescend jusqu'à sa position de départ. Prenez, de la même manière, cinq autres respirations, en vous concentrant sur les sensations éprouvées au moyen de cette technique et en les notant dans votre esprit. Une fois que vous serez devenu familier avec cette technique, vous pourrez y avoir recours discrètement chaque fois que les choses se corsent et que vous sentez monter la tension, de façon à installer en vous une sorte d'état de calme lucide.

Au début, s'il vous arrivait, en pratiquant cette technique, de vous sentir légèrement étourdi, ne paniquez pas. Prenez simplement quelques respirations normales, puis recommencez. Veillez à ce que, à chaque respiration, la durée de l'inhalation soit égale à la durée de l'expiration.

L'alimentation

Certains aliments et certaines boissons contribuent activement à créer un état d'anxiété et à l'intensifier — ce qui n'améliore pas les choses. Les boissons qui causent agitation et tension sont le thé fort, les colas à base de caféine et les mélanges effervescents dits « énergétiques », qui nous fournissent une abondante dose de caféine. Sur le plan alimentaire, tout ce qui contient des quantités importantes de sucre et de chocolat, sous quelque forme que ce soit, est susceptible de nous énerver et d'affecter notre humeur.

Nous devrions plutôt opter pour des aliments apaisants qui nous procurent une énergie soutenue : par exemple, le pain complet, les fruits frais (spécialement les bananes, à cause de leur teneur en tryptophane), les produits laitiers, les avocats et la laitue. En ce qui concerne les boissons, l'infusion de camomille est l'une des plus calmantes qui soient ; buvez-en chaque fois que vous êtes

tendu et nerveux. Vous devriez aussi éviter, lorsque vous êtes stressé, les longs intervalles entre les repas : prendre une légère collation toutes les deux heures vous aidera à stabiliser votre taux de sucre dans le sang.

L'exercice

Les personnes sédentaires qui mènent une vie très stressante sont plus portées que celles qui font régulièrement de l'exercice à souffrir d'une anxiété refoulée et de tensions psychiques et physiques. Si vous faites peu d'exercice, vous devriez commencer aussitôt que possible à vous adonner sérieusement à des exercices de musculation pour le bien de votre cœur, de vos poumons et de vos muscles. Il est essentiel de choisir une activité qui convienne à votre tempérament sous peine de vous ennuyer ; or, l'ennui est l'un des plus importants facteurs de stress connus. La natation, la marche, la bicyclette sont d'excellents choix, alors que le yoga, le taï chi et le Qi gong proposent des techniques qui sont orientées davantage vers la relaxation. Il est également important de se rappeler qu'il faut progresser lentement, plutôt que d'en faire trop sous le coup de l'enthousiasme.

Les suppléments essentiels

L'éventail complet de vitamines du groupe B est connu pour soutenir un système nerveux en proie au stress. Par conséquent, les vitamines B de bonne qualité auront des effets bénéfiques à long terme. Le kava a pour sa part la réputation de constituer une solution de rechange efficace aux tranquillisants conventionnels ; apparemment, on ne lui connaît pas de problèmes de dépendance comme ceux reliés aux tranquillisants à base de benzodiazépine. Mais si vous utilisez déjà des tranquillisants conventionnels ou des antidépresseurs, ne prenez pas de kava : leur interaction peut s'avérer problématique.

À gauche : **QUAND ON A UN MODE DE VIE CONTRAIGNANT, IL EST NÉCESSAIRE DE SE RÉSERVER DES PÉRIODES DE TEMPS POUR L'EXERCICE ET LA RELAXATION.** À droite : **LE MÉDICAMENT RESCUE REMEDY DU DOCTEUR BACH, QUI NE CRÉE PAS DE DÉPENDANCE, EST EXCELLENT POUR AIDER À SE DÉTENDRE.**

L'aromathérapie

Savourez le plaisir d'un bain relaxant en ajoutant à votre baignoire remplie d'eau chaude cinq ou six gouttes d'une huile essentielle ; la bergamote, la lavande, la sauge sclarée et l'ilang-ilang sont tous reconnus pour leurs propriétés relaxantes. Utilisez ces huiles individuellement ou en formule combinée : votre odorat devrait se délecter de leur parfum. Pour obtenir un effet thérapeutique maximal, laissez s'égoutter l'huile dans l'eau seulement après avoir fermé le robinet, autrement l'huile essentielle va s'évaporer pendant que la baignoire se remplit.

Faites votre propre huile de massage en ajoutant deux ou trois gouttes d'huile essentielle pour chaque 5 ml (1 c. à thé) d'huile mère. La camomille, le géranium, la bergamote, la sauge sclarée, toutes ces huiles sont bonnes pour désamorcer l'anxiété.

Ou encore, vaporisez l'une de ces huiles en utilisant un vaporisateur conçu à cet effet ou déposez-en une goutte ou deux sur un tissu que vous inhalerez chaque fois que vous vous sentirez nerveux.

Les essences de fleurs

Aux premiers signes indésirables de stress et d'anxiété, prenez quelques gouttes de Rescue Remedy du docteur Bach. La petite bouteille à compte-gouttes tient dans un sac à main ou dans une poche. Placez-en quelques gouttes sous votre langue ou ajoutez le nombre de gouttes recommandé à un petit verre d'eau ou de jus de fruit que vous boirez à petites gorgées aussi souvent que vous en ressentez le besoin.

Les plantes à notre secours

Quand vous sentez monter la tension et l'anxiété, boire à petites gorgées une infusion de plantes peut être très efficace. Essayez la camomille, la fleur de valériane ou de citron vert. Soyez sélectif, choisissez avec discernement et précaution ; si vous désirez vraiment tirer profit d'une infusion de plante, vous devriez en apprécier le goût ; de la même façon, toute huile essentielle que vous utilisez devrait enchanter votre odorat. Modifiez également votre choix d'infusion : il est déconseillé de se limiter pendant longtemps à une seule plante. La valériane, par exemple, prise par petites doses, de temps en temps, est très efficace pour apaiser l'esprit et favoriser un état de relaxation ; mais employée sur une base régulière, elle peut occasionner — ou aggraver — certains problèmes allant des palpitations et des maux de tête aux spasmes musculaires.

Les remèdes homéopathiques

L'aconit Apprendre une nouvelle bouleversante peut causer des crises d'anxiété caractérisées par des sentiments de terreur et de panique qui nous retirent tout courage ; ces sentiments ont tendance à s'intensifier le soir, accompagnés de palpitations sévères et d'agitation physique et mentale. Ce genre d'anxiété peut se traiter efficacement grâce à quelques doses d'aconit.

Le jasmin jaune (*gelsemium*) L'anxiété à évolution lente, qui tend à monter en flèche dans l'anticipation d'un événement particulièrement stressant (devoir présenter un exposé important au travail, par exemple), peut être considérablement soulagée par un traitement au jasmin jaune. Le sujet qui a besoin de ce remède a tendance à devenir irritable et à se refermer sur lui-même (jusqu'à ce que l'événement soit passé), à souffrir de diarrhées persistantes et indolores et de maux de tête nerveux fréquents (la céphalée en casque, qui donne l'impression que le front est comprimé par un bandeau).

L'anhydride arsénieux (*arsenicum album*) Ce remède peut traiter efficacement une personne qui en fait trop, qui veut atteindre des standards proches de la perfection et exagérément élevés et qui éprouve de l'anxiété. D'autres caractéristiques peuvent s'ajouter au tableau : le sommeil perturbé — alors qu'elle se réveille à 2 heures du matin, extrêmement inquiète, agitée et frissonnante — et une tendance à devenir obsessionnelle sous la pression.

Le phosphore Le phosphore peut être très utile aux personnes normalement extraverties, énergiques et confiantes, mais qui éprouvent, lorsqu'elles sont épuisées, des sentiments d'inquiétude et d'indécision. Ces sentiments provoquent un état d'anxiété sans rapport avec quelque problème que ce soit, mais rendent ces personnes vulnérables à tout ce qui se produit dans le moment présent : elles sont très sensibles aux sentiments et aux humeurs des autres et deviennent ainsi très vulnérables.

Les traitements naturels de la dépression

La dépression renvoie, tel un miroir, la parfaite image de l'anxiété. De fait, les deux états se présentent souvent en parallèle, de sorte qu'il est très rare de rencontrer une personne ayant déjà souffert d'anxiété qui ne s'est pas également sentie déprimée à l'occasion. La gravité des symptômes peut, dans les deux cas, varier énormément.

Tout comme une crise d'anxiété peut être brève ou se prolonger pendant une longue période de temps, la dépression peut soit déclencher des symptômes très mineurs, soit se révéler une expérience qui restreint la liberté de vie. On peut éprouver un léger cafard sans aucune raison évidente ou avoir véritablement conscience d'être las et déprimé en réaction à un événement perturbateur. Les problèmes de dépression peuvent également résulter de l'effet cumulatif d'une combinaison de plusieurs facteurs stressants qui nous affectent au moment où nous manquons de ressort pour pouvoir y faire face.

Les mesures proposées plus loin peuvent se révéler très bénéfiques, notamment pour une personne souffrant d'une dépression survenue à la suite d'un événement stressant particulier ou après une série de problèmes mineurs qui se sont additionnés, accumulant une charge excessive de stress négatif. En d'autres mots, cette section propose des solutions que l'on peut mettre facilement en application soi-même pour soigner le « mal de vivre », mais le but n'est pas de traiter une dépression clinique établie. Des thérapies parallèles et complémentaires peuvent certainement se révéler très valables dans ce dernier cas, mais pour obtenir des résultats plus probants, il faut faire appel à un praticien qualifié. L'interven-

À droite : LES THÉRAPIES PARALLÈLES ET COMPLÉMENTAIRES PEUVENT APPORTER UNE IMPORTANTE CONTRIBUTION DANS LE TRAITEMENT DES DÉPRESSIONS QUALIFIÉES DE LÉGÈRES À MODÉRÉES.

tion d'un spécialiste est nécessaire parce que la dépression est un phénomène complexe mais aussi, et surtout, pour empêcher l'interaction négative des médicaments absorbés. Bien que le traitement homéopathique ne soit pas en cause, des complications peuvent survenir avec l'utilisation des remèdes de thérapies chinoises et occidentales à base de plantes, ce dont pourra tenir compte un praticien qualifié exerçant l'une ou l'autre de ces disciplines thérapeutiques. Pour conclure, si vous utilisez déjà une médication conventionnelle, consultez toujours avant de prendre un supplément fait d'une préparation à base de plantes.

L'un ou l'autre des symptômes suivants peut caractériser le genre de dépression que l'on estime de légère à modérée :
- Perte d'appétit
- Faible concentration
- Manque de motivation
- Fatigue
- Sautes d'humeur
- Baisse de la libido
- Façons de penser constamment négatives
- Hyperventilation ou palpitations

Certains événements qui surviennent dans notre vie sont causes de dépression et de cafard ; l'un ou l'autre des facteurs énumérés ci-dessous peut agir comme déclencheur :
- Grossesse – l'état en soi —, l'accouchement et ses suites
- Licenciement
- Changement spectaculaire dans le statut financier
- Ménopause — le changement en soi — et la post-ménopause
- Deuil
- Rupture amoureuse

L'exercice

Bien que ce soit la dernière chose que nous désirions faire lorsque nous sommes déprimés, l'exercice constitue paradoxalement l'un des moyens les plus efficaces pour améliorer notre état d'esprit. Il a été prouvé que des exercices réguliers d'aérobique stimulent la production d'endorphines dans notre organisme, ces composés chimiques associés aux sensations de bien-être et responsables, entre autres choses, du sentiment d'« ivresse » éprouvé par les coureurs et les cyclistes. Parce qu'en effectuant régulièrement des exercices, nous respirons plus profondément et

de façon plus rythmée, cela accroît également l'élimination et l'expulsion des déchets toxiques de notre organisme ; aussi, une désintoxication efficace peut-elle nous aider de façon significative à nous sentir plus alertes et à nous requinquer.

Si nous souffrons de ce genre de dépression, qui presque certainement nous laissera dans un état d'épuisement, de manque de motivation ou de concentration, l'exercice s'avérera crucial. Lorsque nous entreprenons un programme d'exercice, nous devrions nous assurer de ne pas aller jusqu'à nous essouffler au point de suffoquer ; ce qui pourrait être considéré comme de l'antiaérobique et annulerait les effets bénéfiques des exercices.

Parler

Si vous vous sentez déprimé sans remarquer des signes d'amélioration, le fait de parler de certains des problèmes qui vous préoccupent le plus pourrait s'avérer d'une grande valeur thérapeutique, à la condition que cela se fasse dans un climat de confiance. Vous pourriez vous confier ouvertement à un ami intime, à un membre de votre famille, à un partenaire ou à un collègue. Toutefois, rappelez-vous que vos proches risquent d'être trop concernés affectivement par vos problèmes pour pouvoir vous écouter objectivement et être suffisamment critiques, spécialement si vous vous livrez avec plus ou moins d'honnêteté. L'important est de choisir une personne en qui vous avez une entière et pleine confiance.

Cela pourra vous conduire à sortir de votre environnement immédiat afin de discuter de vos problèmes les plus importants avec un conseiller qualifié ou un psychothérapeute. Le professionnel pourra adopter l'attitude objective qui convient et interpréter ce que vous dites avec le grand avantage qu'offre le point de vue d'une personne formée à cet effet et ayant l'expérience de situations similaires. Par conséquent, cette personne sera probablement en mesure de vous donner un autre point de vue sur certains de vos problèmes (ce qui peut ouvrir la porte à de nouvelles perspectives) et saura vous soutenir tout au long de votre démarche.

À gauche : **DANS LES MOMENTS DE CAFARD, NOUS AVONS BESOIN DE SOUTIEN ET D'AFFECTION, MAIS NOUS SOMMES SOUVENT INCAPABLES DE LE MONTRER.** À droite : **L'HUILE EXTRAITE DU TOURNESOL EST UNE RICHE SOURCE DE VITAMINE E.**

N. B. : *Comme la dépression est le plus souvent accompagnée d'anxiété, il vous sera utile de revoir les mesures que vous pouvez appliquer vous-même dans la section consacrée à l'anxiété (page 99).*

Les suppléments essentiels

Il arrive fréquemment que la dépression modifie nos habitudes alimentaires. Cela peut être dû à la perte d'appétit, qui est une manifestation courante et caractéristique de la dépression. Par ailleurs, il est possible que l'absence d'intérêt et le manque de motivation qui accompagnent généralement la dépression aggravent le problème.

Lorsqu'une telle situation se présente, il est recommandé de prendre des suppléments multivitaminiques et multiminéraux de bonne qualité pour s'assurer que les besoins nutritionnels de base de l'organisme soient satisfaits durant les périodes de stress.

Si le niveau de stress négatif a été particulièrement élevé pendant une période prolongée, cela vaut la peine de prendre des vitamines du complexe B afin de renforcer votre système nerveux. Il a été prouvé que le folate (acide folique), en particulier, qui appartient au groupe B, joue un rôle crucial dans le soulagement de l'état dépressif. En fait, si vous manquez de vitamine B12, vous serez plus vulnérable à la dépression.

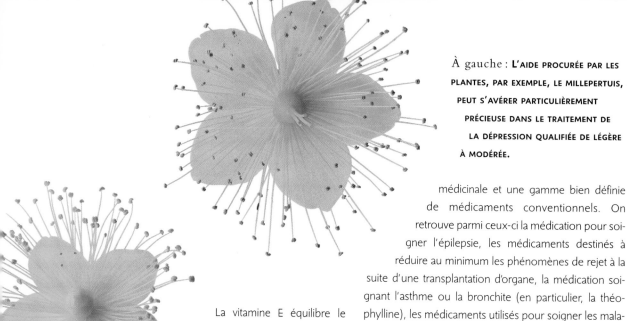

La vitamine E équilibre le niveau de dopamine, lequel, non seulement rend l'humeur plus stable, mais peut aussi servir de tampon contre les effets négatifs de la réaction au stress. La dose recommandée est de 3 à 4 mg par jour. Les aliments riches en vitamine E incluent le germe de blé, les noix, l'huile vierge (non raffinée) comme l'huile de tournesol et les aliments céréaliers faits de grains entiers.

Le ginseng semble capable de stabiliser le taux de neurotransmetteurs dans le cerveau et, par conséquent, il aurait un effet stabilisant sur les humeurs. Il devrait nous aider à combattre les effets dépressifs du stress négatif à long terme.

Les plantes à notre secours

La plante médicinale nommée « millepertuis » ou « St. John's wort » (*hypericum*) a suscité beaucoup d'intérêt au cours des dernières années quant à son utilisation potentielle comme antidépresseur naturel et efficace. En témoigne le fait qu'en Allemagne on soit aujourd'hui arrivé à la conclusion qu'une personne chez qui on a diagnostiqué une dépression légère à modérée a dix fois plus de chances qu'on lui prescrive du millepertuis plutôt que du Prozac ou tout autre type d'antidépresseur inhibiteur sélectif de la recapture de la sérotonine (ISRS).

Cependant, il y a peu de temps, une contre-indication potentielle à l'utilisation du millepertuis a été décelée : la possibilité d'une interaction négative entre cette plante médicinale et une gamme bien définie de médicaments conventionnels. On retrouve parmi ceux-ci la médication pour soigner l'épilepsie, les médicaments destinés à réduire au minimum les phénomènes de rejet à la suite d'une transplantation d'organe, la médication soignant l'asthme ou la bronchite (en particulier, la théophylline), les médicaments utilisés pour soigner les maladies cardiaques, les agents anticoagulants, les traitements contre la migraine, la pilule anticonceptionnelle, les médicaments utilisés pour traiter le VIH ainsi que d'autres antidépresseurs prescrits sur ordonnance.

Le millepertuis se révèle plus utile lorsque l'historique d'une dépression diagnostiquée de légère à modérée ne révèle aucun usage d'antidépresseur. Dans un tel contexte, plus particulièrement si l'on entretient des réserves quant aux effets secondaires potentiels des antidépresseurs conventionnels, le millepertuis offre une avenue intéressante comme solution de remplacement.

L'aromathérapie

Pour vous aider à vous détendre et à équilibrer vos humeurs, ajoutez à l'eau de votre bain des huiles essentielles comme la camomille, la lavande, la sauge sclarée, la marjolaine ou l'ilang-ilang, ou un mélange de ces huiles. Cependant, lorsque vous utilisez des huiles essentielles, rappelez-vous qu'elles sont extrêmement concentrées et qu'elles doivent être utilisées avec parcimonie. Quatre ou cinq gouttes suffisent pour entourer l'heure du bain d'une atmosphère équilibrante, propice à vous redonner la bonne humeur.

Les remèdes homéopathiques

La dépression résultant de l'effet combiné de tensions émotionnelles et de chagrins réagit très bien au natrum mur. Les personnes à qui ce remède est particulièrement recommandé sont celles qui ont tendance à demeurer impassibles ; parler de leurs émotions leur est très pénible et très douloureux et elles semblent n'éprouver aucun soulagement à se laisser aller à fondre en larmes sur une épaule sympathique — peut-être même cette épaule empire-t-elle les choses. Elles évitent soigneusement la compagnie de gens sympathiques et pleins d'entrain et considèrent la paix et le silence comme indispensables.

L'anémone pulsatille pourrait convenir à une personne montrant les symptômes opposés au mal de l'âme pour lequel le natrum mur est efficace. Les gens qui vont bien réagir à ce remède ont tendance à pleurer facilement pour rien, mais le fait de pleurer les rend plus joyeux et leur procure un soulagement général. L'effet positif de leur épanchement sera augmenté s'il y a en plus une épaule sympathique sur laquelle sécher ses larmes. Voilà pourquoi une personne qui a besoin de l'anémone pulsatille sera portée à éviter la solitude et à rechercher activement la compagnie des autres. Les femmes qui souffrent d'une dépression prémenstruelle temporaire ou qui montrent un état dépressif durant ou après la grossesse pourraient bénéficier des bienfaits de l'anémone pulsatille.

Les personnes souffrant d'apathie, d'indifférence et de dépression résultant d'un épuisement mental et physique grave peuvent profiter d'un apport fortifiant considérable avec quelques gouttes de sépia. J'ai soigné très efficacement plusieurs hommes avec le sépia, mais les femmes semblent aussi bien réagir à ce remède, spécialement si elles souffrent de dépression après avoir enfanté ou à la suite de la ménopause. Une libido qui flanche et une absence totale d'intérêt pour le sexe (deux cas reliés à un niveau accablant de stress) sont également de bons indicateurs de la pertinence de ce remède.

La dépression marquée par un comportement agité, anxieux, plus prononcé lorsque la victime est seule le soir, peut être traitée efficacement par l'utilisation de l'anhydride arsénieux (*arsenicum album*). Notons, parmi les symptômes dépressifs, les troubles de sommeil marqués par une tendance de la personne atteinte à se lever, complètement réveillée à 2 heures du matin, puis à s'agiter et à se retourner dans son lit le reste de la nuit. Ceux qui ont besoin d'anhydride arsénieux (*arsenicum album*) peuvent être victimes de dépression simplement parce qu'ils n'arrivent pas à atteindre les standards excessivement élevés qu'ils se sont fixés. Bien qu'ils donnent l'impression « d'être pleins

d'énergie », ces gens se révéleront probablement difficiles à vivre aussi bien avec leurs proches qu'avec leurs collègues de travail, en raison de leurs humeurs tatillonnes, agitées, et de l'attitude critique qu'ils adoptent envers eux-mêmes et envers tous ceux qui les entourent.

Le traitement naturel des maux de tête nerveux (causés par la tension)

Les maux de tête récurrents qui s'étendent de la base du crâne jusqu'à la partie frontale de la tête sont un signe évident que nous ne parvenons plus à contrôler notre niveau de stress. Quelques éléments agresseurs bien connus peuvent déclencher ou aggraver ces maux de tête qui nous épuisent complètement. Il est extrêmement avantageux de les identifier, parce que nous pouvons alors prendre des mesures concrètes pour

Ci-dessous : **UNE CONSOMMATION EXCESSIVE DE CAFÉINE PEUT CAUSER DES MAUX DE TÊTE SÉVÈRES.**

améliorer notre situation et limiter la fréquence et la gravité des crises.

Les facteurs habituels qui déclenchent des maux de tête nerveux ou causés par la tension sont, entre autres choses :

- La tension musculaire dans la mâchoire, le cou et les épaules
- Une consommation excessive de café, d'alcool ou de tranquillisants contenant de la codéine
- Le fait de manger peu souvent ou de manière irrégulière
- Des conditions de travail médiocres — par exemple, un écran d'ordinateur situé dans le mauvais angle ou une chaise qui n'est pas à la bonne hauteur
- Des problèmes de vision non décelés (des examens réguliers de la vue, une fois tous les deux ans, sont indispensables à partir de l'âge de quarante ans)
- Une déshydratation de faible intensité
- De mauvaises postures

Évidemment, si vous commencez à souffrir de sévères maux de tête sur une base régulière et sans cause apparente, il serait sage de consulter votre médecin. Si les examens ou les tests ne révèlent pas de cause pathologique, consolez-vous à l'idée qu'il existe des mesures à prendre qui pourront réduire votre charge de stress général et qui vous soulageront du fardeau que vous imposent peut-être certains aspects de votre mode de vie.

Le massage

Si vous ressentez depuis un certain temps une tension musculaire persistante dans le cou et les épaules, cela vaut vraiment la peine de recourir à un massage régulier du cou, des épaules et du dos. Indépendamment du fait qu'un massage est merveilleusement relaxant, il aura un effet salutaire immédiat : les muscles noués du cou et des épaules se détendront et le sang affluera plus aisément dans cette région.

La chiropraxie et l'ostéopathie

Pour des problèmes plus graves dans la région du cou et des épaules, il serait sage de consulter un chiropraticien ou un ostéopathe ; l'un ou l'autre de ces praticiens possède les qualifications requises pour corriger toute anomalie mécanique pouvant être la cause de maux de tête tenaces.

À droite : SOULAGEZ LA CONGESTION EN INHALANT LA VAPEUR AROMATIQUE DES GOUTTES D'HUILE ESSENTIELLE DE MENTHE POIVRÉE DILUÉE DANS DE L'EAU CHAUDE.

L'alimentation

Si votre consommation de caféine et d'alcool a augmenté régulièrement en réaction à un niveau croissant de pression et de stress, suivez le conseil vous incitant à renoncer définitivement à consommer du café et de l'alcool (*voir les pages 61 et 62*).

L'éclairage

Assurez-vous que l'éclairage, à votre lieu de travail, n'est pas responsable de vos maux de tête ou qu'il n'y contribue pas. Remplacez tout dispositif d'éclairage fluorescent à lumière vacillante et faites en sorte que votre espace de travail soit suffisamment bien éclairé, car les tensions oculaires ne peuvent qu'aggraver votre problème.

Le lit

Si votre cou se raidit quand vous dormez, si au réveil vous ressentez de l'inconfort et êtes tendu, le temps est sans doute venu de vous acheter de nouveaux oreillers. Le choix est vaste, qu'ils soient rembourrés avec des matériaux naturels ou synthétiques. Avant d'investir, demandez l'avis d'un expert sur les avantages des différents types offerts sur le marché. Ils doivent être suffisamment confortables pour vous permettre de jouir d'un sommeil profond et devraient être suffisamment fermes pour fournir au cou et à la tête un support adéquat.

Relâcher les muscles

Si, sous l'effet du stress, vous avez l'habitude de serrer la mâchoire, cela peut aggraver vos problèmes de tension dans les gros muscles du cou et des épaules. Des problèmes graves reliés à la tension des mâchoires peuvent aussi vous porter à grincer des dents lorsque vous dormez. Pour corriger cette tendance, efforcez-vous de relâcher les muscles du visage et de la mâchoire lorsque vous êtes stressé ; tout à fait consciemment, relâchez les épaules, vous devriez noter qu'elles baissent d'au moins

5 cm (1 po) alors que vous vous détendez et relaxez vos bras et vos mains. Si cet exercice — ou celui qui vous permet d'atteindre régulièrement un degré quelconque de relaxation — vous semble difficile à faire, il serait peut-être bon que vous preniez des leçons d'un professeur qui enseigne la technique Alexander (*voir page 79*).

L'aromathérapie

Les maux de tête dus à la tension peuvent être soulagés si l'on dilue environ quatre gouttes d'huile de menthe poivrée dans une cuillerée d'huile mère, puis que l'on frotte doucement ce mélange le long de la naissance des cheveux et du front à l'aide d'un coton-tige. Si une congestion des sinus s'ajoute à votre mal de tête, inhaler vous semblera peut-être un moyen plus efficace. Pour ce faire, versez quelques gouttes d'huile essentielle de menthe poivrée dans un bol d'eau chaude et inhalez-en la vapeur ; ou encore, appliquez quelques gouttes de cette huile sur un tissu ou un mouchoir que vous maintenez à au moins 5 cm (1 po) de votre nez (afin d'empêcher votre peau d'entrer directement en contact avec l'huile essentielle) et humez le mouchoir de temps en temps pour décongestionner vos sinus bloqués.

Déposer quelques gouttes de sauge sclarée diluées dans une huile mère sur un coton-tige, comme on l'a expliqué précédemment, puis le faire glisser le long de la naissance des cheveux et d'un côté à l'autre du front peut soulager les maux de tête nerveux (causés par la tension), qui apparaissent et s'intensifient dans les jours précédant immédiatement la période menstruelle. Vous pouvez préférer ajouter cinq gouttes d'huile essentielle à l'eau de votre bain et profiter longuement de cette détente dans l'eau chaude et parfumée. Alors qu'il est recommandé de n'utiliser la sauge sclarée que durant les jours qui précèdent le premier jour de vos règles, vous pouvez apprécier l'apaisante huile de lavande à d'autres moments.

Les plantes à notre secours

Pour soulager le mal de tête qui survient après une période d'excès en matière du boire et du manger, buvez à petites gorgées une infusion de pissenlit.

Boire une infusion de fleur de lime, de valériane ou de verveine citronnelle vous procurera un effet apaisant si vous souffrez d'un mal de tête qui vous a assailli après une période de stress intense. Vous pouvez utiliser les plantes séchées en sachet ou en vrac. Dans le dernier cas, versez une tasse d'eau bouillante sur une cuillerée à café d'une herbe de votre choix et laissez infuser de quinze à vingt minutes avant de filtrer.

Les remèdes homéopathiques

Les maux de tête provoqués par la déshydratation et sensibles au moindre mouvement peuvent être traités efficacement à la bryonia. Les personnes qui ont besoin de ce

remède disent que la douleur se manifeste d'abord immanquablement au-dessus de l'œil gauche et irradie ensuite dans la nuque. Quand le mal de tête se traduit par des élancements, tout le cuir chevelu peut devenir sensible au moindre toucher.

Les maux de tête du «lendemain de la veille» causés par une intoxication résultant d'un désastreux mélange d'abus d'alcool, de nicotine et d'aliments «prêts à consommer» se dissipent presque toujours sous l'effet des vertus magiques de la noix vomique. Tout comme «une gueule de bois», ce type de mal de tête est particulièrement horrible au réveil et il s'intensifie ensuite derrière la tête. Comme on peut s'y attendre, quiconque souffre de ce genre de mal de tête devient extrêmement irritable et colérique et n'aspire à rien d'autre qu'à la paix et la tranquillité.

Les maux de tête nerveux aggravés par le fait d'avoir sauté des repas sous l'effet d'une pression et d'un stress excessifs peuvent être efficacement traités par le soufre. Ce remède est approprié pour les élancements intenses au sommet de la tête, lorsque le sujet a l'impression d'avoir le cerveau pris dans un étau. La sensation générale d'étourdissement et de vertige, causée par un taux de sucre trop bas dans le sang, s'aggrave lorsque le sujet se penche.

Ci-dessus : **LE SOMMEIL EST EXTRÊMEMENT IMPORTANT PARCE QU'IL PERMET À L'ESPRIT ET AU CORPS DE SE REPOSER ET DE SE RÉGÉNÉRER, LES DISPOSANT À RELEVER LES DÉFIS DU LENDEMAIN.**

Traitements naturels pour soulager l'insomnie

Il n'y a rien de plus épuisant et de plus frustrant que de ne pas pouvoir bénéficier d'un sommeil profond et reposant lorsque nous en avons besoin. Une nuit complète de sommeil est essentielle pour jouir d'une bonne qualité de vie et la maintenir. C'est lorsque nous dormons que nos organes sont en mesure de se reposer et de refaire leurs forces, en même temps que le subconscient — par les rêves — peut entretenir notre santé psychique et émotionnelle en effectuant sans encombre son travail d'analyse sur tout ce que notre esprit a accumulé durant la journée. D'ailleurs, des études ont démontré que le manque de sommeil a un effet négatif sur le fonctionnement de notre système immunitaire, nous rendant sujets aux infections récurrentes ainsi qu'à une sensation générale de fatigue et d'épuisement.

Une surcharge de stress négatif est le pire ennemi du sommeil, l'accumulation de tension psychique, émotionnelle et physique mettant en péril la faculté de dormir. La réaction physique à la tension et au stress — le mécanisme de « la lutte ou la fuite » (*voir page 19*) remplit notre organisme d'adrénaline, le prédisposant à agir rapidement et de manière décisive.

Il paraît donc évident que si nous ne trouvons aucune échappatoire physique à l'adrénaline qui n'arrête pas de s'activer dans tout le corps, nous sommes condamnés à demeurer agités et bien réveillés au moment d'aller au lit. C'est ce qui cause la sensation désagréable d'être complètement épuisés physiquement à l'heure du coucher et pourtant incapables d'interrompre l'agitation de notre esprit, du moins assez pour nous laisser sombrer dans le sommeil.

L'un des facteurs suivants, ou une combinaison de deux ou plusieurs d'entre eux, peut aussi déclencher des épisodes d'insomnie :

- Syndrome prémenstruel
- Ménopause
- Hyperactivité de la glande thyroïde
- Anxiété
- Dépression
- Syndrome de fatigue chronique
- État de stress post-traumatique
- Deuil
- Responsabilité d'un jeune bébé
- Soins à un parent malade

Les troubles du sommeil peuvent varier par leur caractère et leur intensité. Certains individus, après s'être endormis aisément, vont se réveiller environ une heure plus tard, prêts à se lever. D'autres pourront trouver incroyablement difficile de se calmer et de s'endormir. D'autres encore auront un sommeil superficiel et s'agiteront toute la nuit en dormant sans atteindre un stade profond de sommeil, de sorte qu'au matin ils se sentiront encore fatigués et n'auront aucune envie de sortir du lit.

La quantité de sommeil qu'il nous faut pour fonctionner à un degré optimal varie d'une personne à l'autre, aussi n'y a-t-il pas de règle commune en ce domaine. La plupart du temps, chacun sait instinctivement le nombre d'heures de sommeil dont il a besoin.

Si vos habitudes de sommeil sont perturbées pendant plus qu'une brève période, il se peut que vous commenciez à montrer l'un ou l'autre des symptômes suivants — en fait, cela vous arrivera presque certainement :

- Irritabilité
- Mémoire défaillante
- Manque de concentration
- Nervosité et impatience
- Infections récurrentes, tels des maux de gorge, des rhumes et des grippes

Votre chambre à coucher

Assurez-vous que votre chambre à coucher est propice à un bon et profond sommeil. Les caractéristiques essentielles d'une chambre qui favorise la tranquillité sont :

- Des rideaux ou des stores suffisamment épais pour bloquer adéquatement la lumière extérieure, mais pas au point de nuire au réveil.
- Une bonne aération, de sorte que la chambre ne soit ni trop fraîche, ni chaude au point de sentir le renfermé.
- La meilleure insonorisation possible. Si cela s'avère difficile à réaliser, il vaudrait peut-être la peine d'envisager l'installation de doubles fenêtres pour éviter qu'il y ait trop de bruit.
- Un bon matelas. On oublie facilement que les matelas doivent être remplacés à intervalles réguliers ; on ne s'inquiète pas du fait que l'on dort sur le même matelas depuis plus de dix ans. Quand vous décidez de le remplacer, choisissez-en un qui fournit un support ferme sans être trop dur, puisque se reposer devrait être une expérience confortable.

Décrocher

Si vous voulez bénéficier d'un sommeil profond, vous devez absolument résister à l'envie de travailler juste avant d'aller au lit, si tentant que cela puisse être dans les périodes de forte pression. Parce que si vous le faites, votre esprit va continuer à ressasser les problèmes et à chercher des solutions au moment où il faudrait qu'il s'apaise et que vous lâchiez prise pour vous préparer à dormir. Faites-vous plutôt un point d'honneur de vous occuper à quelque chose de relaxant pendant une heure ou deux avant de vous préparer à dormir.

Il y a mille façons pratiques et agréables pour l'esprit et le corps de ralentir et de décrocher. Parmi les suivantes, vous pouvez en trouver quelques-unes qui vous inspireront ; laissez-vous guider par vos goûts et choisissez celle qui va vous aider à entrer dans un état de relaxation :

- Se laisser tremper dans un bain rempli d'eau modérément chaude et parfumée
- Écouter la radio
- Écouter une musique agréable, qui inspire positivement et détend
- Écouter un livre audio
- Méditer ou faire la lecture d'une technique de relaxation guidée
- Siroter une boisson chaude et apaisante
- Faire l'amour

Évitez de consommer de l'alcool pour obtenir un effet qui vous incite à dormir ; même si l'alcool procure une détente à court terme, ses effets perturbent les habitudes de sommeil à la longue et ne procurent pas un repos complet ; le sommeil de piètre qualité provoqué par l'absorption d'alcool ne peut donc pas être régénérateur. Un abus d'alcool peut aussi faire en sorte qu'au matin nous nous retrouvions complètement à plat.

Évitez d'ingurgiter des aliments lourds ou indigestes tard en soirée, parce que cela peut déclencher des malaises digestifs et, en contrecoup, vous donner un sommeil agité et de mauvaise qualité.

Relâcher la tension

Lorsque vous passez la nuit à vous retourner dans votre lit à cause de tensions musculaires, de malaises et de douleurs, vous devriez songer à adopter un plan d'action sur deux fronts. Ayez recours régulièrement à un massage complet avec aromathérapie pour aider votre corps à se relaxer et prenez la décision de faire de l'exercice, sous une forme ou sous une autre, au moins trois fois par semaine : que ce soit l'activité rythmique aérobique, qui favorise la circulation et conditionne les groupes de gros muscles, ou une méthode plus relaxante de mouvement qui permet d'allonger et de relaxer les muscles – le yoga ou le taï chi, par exemple. Si vous êtes tendu, la respiration contrôlée intégrée aux précédentes techniques s'avérera un atout de plus, car on l'utilise ordinairement pour induire un état de relaxation.

Suppléments essentiels

Voir ce qui est dit à propos du kava dans le chapitre intitulé « Se nourrir » (*page 70*).

L'aromathérapie

Pour faire une huile de massage qui favorise le sommeil, mélangez trois gouttes d'huiles essentielles de lavande, de camomille et de mandarine à deux cuillerées à thé d'une huile mère. N'appliquez cette mixture qu'à des adultes.

Les plantes à notre secours

Le composé d'avoine fourrage, qui vient sous forme liquide dans une bouteille à compte-gouttes facile à utiliser, est une solution de rechange aux somnifères conventionnels particulièrement efficace. C'est une combinaison de plantes qui favorisent le sommeil, — valériane, passiflore, houblon et avoine — et une préparation homéopathique de café. Prendre une solution composée de vingt à trente gouttes dans un petit verre d'eau avant d'aller au lit.

À gauche : RIEN DE MIEUX QU'UNE APAISANTE INFUSION DE CAMOMILLE POUR DÉCROCHER À LA FIN D'UNE JOURNÉE CHARGÉE. À droite : UNE TEINTURE À BASE D'HERBES AROMATIQUES COMME L'AVOINE FOURRAGE, QUI CONTIENT DE LA PASSIFLORE, PEUT AIDER À REMÉDIER AU SOMMEIL TEMPORAIREMENT PERTURBÉ.

On peut soulager des problèmes d'insomnie peu fréquents ou modérés en buvant une infusion de camomille. Si vous utilisez des herbes fraîches, ajoutez une cuillerée à thé à une tasse d'eau bouillante, couvrez et laissez infuser pendant quinze minutes avant de filtrer. Buvez lentement, à petites gorgées, ou comme relaxant en début de soirée ou à l'heure du coucher.

Remèdes homéopathiques

L'insomnie d'anxiété, qui résulte d'une phobie à l'idée d'aller se coucher, peut trouver un soulagement considérable avec le lachesis. Les problèmes de sommeil qui tendent à se manifester ou à empirer les jours précédant les menstruations (quand les sautes d'humeur ont aussi tendance à s'accentuer) s'atténuent grâce à ce remède homéopathique. Une personne qui, au moment de sombrer dans le sommeil, éprouve une sensation bouleversante semblable à un choc ou qui a l'impression de suffoquer bénéficiera également du lachesis.

Les perfectionnistes qui abusent de leurs forces pendant trop longtemps et qui souffrent des conséquences de leurs problèmes d'anxiété et d'insomnie peuvent réagir favorablement à l'anhydride arsénieux (*arsenicum album*).

La personne qui profitera de ce remède montre une tendance caractéristique à aller se coucher dans un état d'épuisement mental et physique, puis à s'endormir assez rapidement pour se réveiller bientôt vers 2 heures du matin. Son esprit, une fois éveillé, est assailli par un tourbillon de pensées anxieuses, de sorte qu'elle ne peut généralement plus trouver le sommeil. Si elle prend l'habitude de se lever pour se servir une boisson chaude et apaisante plutôt que de continuer à se tourner et à se retourner dans son lit, elle aurait intérêt à essayer l'anhydride arsénieux.

Les schémas de sommeil profond qui ont été rompus par un excès de stress, des abus d'alcool, de café ou d'autres produits contenant de la caféine peuvent être rétablis avec de la noix vomique. Ce remède convient particulièrement bien à celui qui ne cesse de se tourner dans son lit avant de tomber finalement dans un sommeil profond, à peine une heure ou deux avant que le réveil sonne. Les maux de tête associés à la gueule de bois, la nausée, la constipation et un degré grave d'irritabilité et d'impatience sont tous des symptômes que l'on peut soulager avec ce remède. Les amateurs de grosses soirées de fête devraient toujours avoir de la noix vomique à portée de la main.

Un cas de sommeil perturbé par l'annonce de nouvelles bouleversantes peut répondre très bien à l'ignatia. La personne qui appréciera ce remède a des sautes d'humeur fréquentes et une tendance, sous le poids d'une fatigue excessive, à être irritable et au bord des larmes. Sombrer dans le sommeil lui sera très difficile et elle éprouvera des contractions musculaires nerveuses et une envie persistante de bâiller.

Traitements naturels pour soulager le syndrome du côlon irritable

Notre système digestif est un peu le baromètre de notre taux de stress. Dans ma pratique, il m'arrive cependant de rencontrer des patients qui souffrent d'un niveau excessif de stress négatif sans montrer de malaise digestif. La majorité de ces problèmes se regroupent sous l'appellation globale de syndrome du côlon irritable (SCI), même si ces symptômes de problèmes digestifs reliés au stress comprennent une variété de maladies ou de malaises comme ceux qui suivent :

- Indigestion persistante
- Brûlures d'estomac
- Perte d'appétit
- Gonflements abdominaux
- Crampes
- Diarrhée et constipation en alternance

Le syndrome du côlon irritable est un problème répandu, connu pour affliger les individus qui vivent sous une forte pression et dont la vie est soumise au stress. Si vous avez la malchance de souffrir du SCI, votre priorité ultime devrait être d'apprendre à composer efficacement avec votre stress. Il existe également des mesures à appliquer soi-même qui peuvent vraiment aider les gens souffrant de cette affection.

L'alimentation

Certains aliments ont la réputation d'aggraver le SCI. Les aliments coupables comprennent généralement le blé (dans les aliments comme le pain, les pâtes, les céréales et les sauces) ; le sucre contenu dans les boissons gazeuses, les gâteaux, les biscuits et le chocolat ainsi que les sucres « cachés » incorporés dans les fèves cuites au four, les soupes et les aliments raffinés ; les légumineuses, les haricots, les choux de Bruxelles ; et les produits à base de lait de vache. Si vous avez identifié la cause de vos problèmes digestifs, essayez un programme d'élimination. Pendant un mois, évitez de consommer l'aliment suspecté et notez le moindre changement dans le processus digestif. Si vous remarquez une nette amélioration, réintégrez l'aliment à votre diète et observez la manière dont votre corps réagit. Si les problèmes reviennent, éliminez l'aliment de nouveau. Si, à la suite de cette dernière tentative, vous notez une autre amélioration, cela signifie que vous avez probablement une intolérance à cet aliment et qu'il vous faudra dorénavant éviter de le consommer.

Dans le cas où vous découvririez plusieurs sensibilités alimentaires de ce genre, il serait tout à votre avantage de consulter un praticien en homéopathie. Ce spécialiste va probablement vous prescrire un traitement pour réguler votre appareil digestif. Cela peut exiger un peu de votre temps, mais la gamme de bienfaits que vous en retirerez quant à l'état général de votre santé est vaste, et si cela signifie qu'aucune réaction trop forte n'est à craindre à long terme, ce temps sacrifié pèsera peu dans la balance, en comparaison.

Les problèmes de constipation n'étant bien souvent que le résultat d'une simple déshydratation, prenez la résolution de boire quotidiennement beaucoup d'eau minérale ou d'eau du robinet filtrée. Tenez-vous loin des eaux minérales pétillantes si les gonflements abdominaux sont pour vous un problème, car ces eaux peuvent favoriser la propension aux flatulences.

Évitez — ou du moins, diminuez-en radicalement votre consommation — le thé, le café, les colas et l'alcool, ces boissons ayant la réputation d'irriter l'appareil digestif. Souvenez-vous que la nicotine a aussi un effet irritant sur la paroi de l'estomac, ce qui signifie que fumer régulièrement peut empirer tout problème d'ulcère d'estomac et d'indigestion déjà existant.

Manger une grande quantité d'aliments riches en fibres encourage la fluidité des fonctions digestives, à un point parfois critique, car un emballement exagéré pour la consommation de fibres peut multiplier les problèmes de diarrhée. Si de fréquents accès de diarrhée semblent suivis d'une constipation qui dure quelques jours, comme un cycle qui se répète, il est recommandé de manger beaucoup de légumes, cuits légèrement à la vapeur, afin qu'ils soient plus faciles à digérer. Les soupes maison peuvent fournir un apport supplémentaire en fibres à cette diète sans causer d'irritation.

En ce qui concerne les aliments qui contiennent beaucoup de gras, il faut user de prudence, ceux-ci étant particulièrement difficiles à digérer. Évitez les aliments qui sont reconnus pour leur haute teneur en gras saturés — fromages, viandes rouges, beurre et crème — et quand vous faites cuire un poulet, prenez l'habitude d'enlever la peau avant de le manger, car la peau contient beaucoup plus de gras que la viande. Aussi, plutôt qu'un poisson bien rôti enveloppé dans la panure, il est de loin préférable d'opter pour un poisson grillé ou cuit au four, avec un filet d'huile d'olive pressée à froid.

Suppléments essentiels

L'aloès a acquis la réputation d'apaiser l'appareil digestif et de stimuler en douceur le transit intestinal, contraire-

ment à l'action agressive des laxatifs conventionnels et sans le problème de dépendance qui leur est habituellement attribué. C'est aussi un supplément qui convient parfaitement aux problèmes d'estomac en raison de ses propriétés antiseptiques et de son effet fortifiant sur le système immunitaire. Que vous choisissiez de boire le jus légèrement amer de l'aloès ou de le consommer sous forme de capsules ou de comprimés, vous en retirerez les mêmes bénéfices, cela n'étant qu'une question de préférence personnelle.

L'aromathérapie

Vous pouvez soulager une sensation générale de vertige en massant doucement la peau juste au-dessus de la cage thoracique avec une préparation apaisante d'huiles essentielles : deux gouttes d'une huile essentielle de poivre noir, de camomille, de menthe poivrée, de gingembre et de mandarine ajoutées à deux cuillerées à thé d'une huile mère. On ne devrait pas utiliser ce mélange, cependant, si les sensations de nausée et de mal de cœur sont des symptômes de grossesse.

Ci-dessous : **L'ALOÈS SEMBLE AVOIR UN EFFET EXTRÊMEMENT APAISANT SUR L'APPAREIL DIGESTIF.**

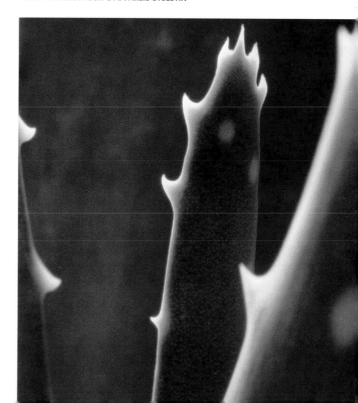

Les plantes à notre secours

L'indigestion occasionnelle et l'hyperacidité peuvent être soulagées presque instantanément si l'on boit une préparation chaude d'orme rouge. Remuez deux cuillerées à thé bien pleines de poudre d'orme rouge dans une tasse de lait chaud et buvez cette potion matin et soir jusqu'à ce que votre estomac semble se rétablir.

On peut soulager considérablement un problème de gaz non expulsés et une indigestion accompagnée de mal de cœur en buvant une infusion de menthe poivrée ou de camomille rehaussée d'un peu de gingembre fraîchement râpé.

Remèdes homéopathiques

Quelques doses de soufre végétal dissiperont un malaise digestif accompagné de gargouillements, de rots et de flatulences. Une propension aux brûlures d'estomac à répétition, incluant des épisodes occasionnels de reflux gastriques et une situation d'alternance de diarrhée et de constipation, militerait en faveur de ce remède. L'anticipation d'une tension psychique ou émotionnelle — le stress négatif ressenti avant de parler en public est bien connu — déclenchera souvent, ou aggravera, tous les symptômes sur lesquels peut agir ce remède.

Les symptômes de problèmes digestifs qu'une combinaison de forte tension nerveuse et de surconsommation de sucre empire peuvent être soulagés considérablement avec l'arg nit. Ceux qui ont besoin de ce remède éprouvent une abondance de gaz qui semblent déterminés à se promener de haut en bas et inversement. Quand la diarrhée et la constipation s'ajoutent au tableau, elles s'accompagnent habituellement de beaucoup de gonflements et de ballonnements d'estomac. La personne qui a besoin de ce remède aura tendance à parler beaucoup et à s'exalter sous l'effet du stress et de l'agitation.

Les problèmes reliés au syndrome du côlon irritable (SCI), lesquels se manifestent chez les gens nerveux et tendus toujours portés à s'agiter, peuvent souvent disparaître avec quelques doses de noix vomique. Les douleurs gastriques, exacerbées par un recours trop fréquent au café, à l'alcool, à la cigarette et aux analgésiques, sembleront s'intensifier au moindre mouvement brusque. Et si le sujet souffre en plus d'une constipation sévère et persistante, il aura des sensations de mal de tête, de gueule de bois et se montrera irritable ou grognon.

Traitements naturels des infections récurrentes

Le bon fonctionnement de notre système immunitaire dépend pour une large part de notre niveau de stress et de la qualité de notre adaptation à ce stress. Conséquemment, si nous avons subi pendant une longue période un stress excessif sans pouvoir y faire face, nous courons un risque réel d'être bientôt victimes d'une série d'infections mineures. Si nous constatons que, depuis un certain temps, un rhume n'attend pas l'autre, il est grandement temps de nous demander si la pression n'a pas été trop forte au cours des derniers mois. Lorsqu'il nous faut admettre que nous avons dépassé la limite du raisonnable en ce qui concerne le stress, c'est le moment de passer à l'action et de permettre à notre corps de reconstruire ses défenses.

L'exercice

Il a été prouvé que l'exercice augmente l'efficacité des fonctions de notre système immunitaire. Idéalement, vous devriez éviter tout ce qui est trop éprouvant et trop répétitif, par exemple, vous entraîner pour les semi-marathons ou les courir, parce qu'il a été démontré qu'un exercice excessivement éprouvant affaiblit le système immunitaire.

Par contre, des exercices agréables comme la marche régulière et le cyclisme de loisir sont bons pour le cœur et les poumons ; ils contribuent grandement à nous maintenir dans une bonne forme physique et aident en outre à désamorcer le stress. On peut également opter pour une méthode qui allie étirement des muscles et relaxation ; le yoga, par exemple, peut offrir un précieux soutien à notre santé psychique, émotionnelle et physique. Les avantages antistress attribués à ce genre d'activité semblent aussi influer positivement sur la performance de notre système immunitaire.

L'alimentation

Il a été prouvé que ce que nous mangeons influence nettement l'efficacité des fonctions de notre système immunitaire. Lorsque nous avons été particulièrement stressés et que nous sommes au bout de nos forces, augmenter notre consommation de légumes frais et crus sera hautement bénéfique, en partie à cause des éléments nutritifs antioxydants que contiennent les fruits et légumes de couleur jaune, orange, rouge et vert foncé. Dans un même souci d'améliorer notre condition physique, nous devrions réduire au minimum notre consommation de nicotine, d'alcool et d'aliments et boissons saturés de sucre, qui affaiblissent le système immunitaire.

Le sommeil

Allouez-vous une période suffisante d'un sommeil reposant et régénérateur, car il est prouvé que le manque de sommeil a des effets extrêmement négatifs, et ce, sur plusieurs plans en même temps. Si nous ne pouvons profiter d'un bon sommeil chaque nuit, il est probable que nous aurons l'esprit confus, que nous serons irritables, fatigués et mal disposés à apprivoiser le stress ; si nous manquons de sommeil pendant quelque temps, nous constaterons également que nous sommes sujets aux infections mineures. C'est lorsque nous dormons que le système immunitaire peut se reposer et refaire ses forces. Lorsque nous sommes soumis à une trop forte pression et que nous voulons éviter de nous sentir épuisés, une nuit de huit heures de sommeil réparateur devrait venir en tête de liste de nos priorités. Si la qualité de notre sommeil a souffert des effets d'un stress excessif, les conseils énoncés à la page 112 (*Traitements naturels pour soulager l'insomnie*) devraient s'avérer très utiles.

Suppléments essentiels

La vitamine C joue un rôle crucial dans le soutien de notre système immunitaire au moment où il doit combattre une infection. Au premier signe de rhume, de mal de gorge ou de fièvre, prenez 1 g (1000 mg) de vitamine C chaque jour. La formule à absorption lente est ce qu'il y a de mieux pour une action et une efficacité maximales, parce que les effets positifs de la vitamine se prolongeront alors pendant huit heures. Ou bien, prenez un comprimé de 250 mg quatre fois par jour pour obtenir le même effet prolongé. Cependant, réduisez la dose si vous éprouvez des symptômes tels que de l'acidité dans l'estomac ou une diarrhée.

La réputation de l'ail en tant qu'agent antiviral et antibactérien est considérable.

Il est difficile de manger suffisamment d'ail frais pour s'assurer d'obtenir tout son effet thérapeutique, aussi est-il en général plus pratique de le prendre concentré, sous

À droite : **L'AIL EST UN ALLIÉ DE TAILLE POUR LUTTER CONTRE LES INFECTIONS ET IL SE PREND FACILEMENT EN CAPSULES.**

À gauche : **LA CONGESTION DES SINUS PEUT ÊTRE SOULAGÉE SI L'ON INHALE, SUR UN MOUCHOIR OU UN TISSU, DE L'HUILE ESSENTIELLE DE LAVANDE, D'EUCALYPTUS OU DE THÉIER.**

forme de comprimés. Prenez un supplément combiné d'ail et de vitamines antioxydantes A, C et E pour une puissance antivirale maximale.

L'aromathérapie

Ajoutez cinq ou six gouttes d'huile essentielle de lavande ou de théier à l'eau de votre baignoire pour un bain particulièrement réconfortant.

La congestion des sinus qui accompagne un début de rhume peut être grandement soulagée si l'on inhale, sur un mouchoir ou un tissu, quelques gouttes d'huile essentielle de théier, d'eucalyptus ou de lavande.

Les plantes à notre secours

Quand apparaissent des signes d'infection en période de stress, l'échinacée est ce qu'il y a de plus efficace pour renforcer notre système immunitaire. Prenez de l'échinacée pour abréger la durée d'un rhume, pour vous prémunir contre ses effets ou pour stopper rapidement un début de mal de gorge, de rhume ou des problèmes de sinus.

Que vous décidiez de prendre ce remède sous forme de comprimés ou de capsules, de teinture ou d'élixir, suivez la posologie indiquée par le fabricant. Plus important que tout, ne soyez pas tenté de prendre de l'échinacée quotidiennement pendant les mois d'hiver. On ne récolte le bienfait optimal de ce traitement très particulier que lorsqu'on l'administre sur de courtes périodes de temps et pour contrer une infection précise.

Les remèdes homéopathiques

Lorsque des symptômes d'une infection mineure apparaissent subitement, spécialement après que nous nous

sommes exposés à un vent sec et froid, et que nous sommes frissonnants, quelques doses d'aconit peuvent aider. C'est un remède à action rapide particulièrement efficace pour soulager la fièvre qui s'accompagne de douleurs aux yeux, aux conduits nasaux et à la gorge. L'aconit est particulièrement approprié pour traiter toute infection mineure qui se développe à la faveur d'un affaiblissement soudain du système immunitaire, après un choc ou l'annonce d'une mauvaise nouvelle, par exemple.

Par ailleurs, si les symptômes se manifestent progressivement sur une période de quelques jours, s'accompagnant d'une sensation de fatigue et d'épuisement, le jasmin jaune s'avérerait un traitement plus adéquat. Ce remède est indiqué lorsqu'une personne éprouve des douleurs musculaires semblables à celles qui accompagnent une grippe et des frissons qui courent le long de la colonne vertébrale. Le nez sera probablement bouché et le sujet éprouvera une désagréable sensation de sécheresse dans la gorge, en plus de perdre la voix. On peut aussi soulager considérablement les maux de tête avec ce remède, spécialement la migraine qui donne l'impression d'avoir le front comprimé par un bandeau.

Si les douleurs qui accompagnent ordinairement le rhume semblent les symptômes d'une sorte d'épuisement et que le sujet est porté à refouler ses sentiments et à s'isoler, le natrum mur peut faire beaucoup de bien. Ce remède est bénéfique pour soigner un état général de déshydratation, lorsque les lèvres sont douloureuses et fendillées (le milieu de la lèvre inférieure, spécialement) et que la peau donne l'impression d'être tendue et mince, ou quand la santé du sujet laisse à désirer.

Traitements naturels contre l'épuisement

Le terme « épuisement » (*burn out*), utilisé pour décrire un état profond de fatigue émotionnelle, psychique et physique, dit bien ce qu'il veut dire. En général, l'épuisement provient de deux sources différentes. Il peut résulter des effets trop longtemps accumulés d'un style de vie dominé par le stress ou survenir à la suite d'un événement particulièrement stressant dans la vie d'une personne, situation qui aurait été trop éprouvante pour que le corps, l'esprit et les émotions puissent y faire face.

Parce que l'épuisement touche à la fois tant d'aspects différents de notre santé, les symptômes peuvent être très généraux et variés, incluant l'un ou l'autre, ou plusieurs, de ceux-ci :

- Difficulté de concentration
- Fatigue accablante
- Sautes d'humeur importantes et imprévisibles
- Infections mineures récurrentes
- Baisse de la confiance en soi
- Anxiété
- Dépression
- Incapacité de lâcher prise et de se relaxer
- Problèmes digestifs, incluant l'indigestion, le manque ou la perte d'appétit, l'acidité gastrique ou la diarrhée et la constipation en alternance.
- Raideurs et douleurs musculaires générales
- Faiblesse musculaire
- Absence générale de motivation et d'intérêt

Les conseils donnés ici vont probablement servir au plus grand bénéfice de ceux qui jouissent d'une bonne santé générale, mais qu'une crise temporaire a vidés de toute énergie et de toute vitalité. Ceux qui depuis longtemps n'arrivent pas à contrôler leur stress peuvent avoir besoin de chercher l'avis et le soutien d'un professionnel pour se remettre sur les rails. Cette aide peut être obtenue auprès d'un praticien de médecine douce : homéopathe, thérapeute de médecine chinoise traditionnelle, herboriste de médecine occidentale, spécialiste de la médecine ayurvédique, professionnel en réflexologie, masseur ou thérapeute crânio-sacral. Il est aussi recommandé de consulter un praticien général.

Il peut parfois valoir la peine d'envisager une approche plus psychologique, auquel cas la voie à suivre serait de consulter un conseiller en stress ou un thérapeute cognitif. Une thérapie cognitive peut s'avérer particulièrement libératrice, parce qu'elle nous fournit des informations sur les comportements qui nous empêchent de nous attaquer aux moyens d'apprivoiser le stress. L'identification de ces modes de comportement va nous amener dans une position où nous pourrons commencer à choisir une manière différente de réagir à la pression et au stress dans notre vie (*voir page 107*).

Automédication générale

Demandez-vous ce que vous avez envie de manger et de boire quand vous êtes submergé par le stress. Si vous avez constaté que pour conserver le même rythme de croisière, vous devez avoir recours au café, au sucre, au chocolat ou à l'alcool, c'est inévitablement, et malheureusement, l'épuisement qui vous guette. Tous ces expédients aggravent les problèmes de fatigue psychique et physique, la nervosité, le sommeil agité et les sautes d'humeur ; ils tendent également à imposer au foie un fardeau toxique, de sorte que si vous les utilisez exagérément et trop souvent, vous risquez d'avoir l'air éteint et de vous sentir éteint.

Si on veut éloigner la dépression, la pratique régulière des exercices de relaxation doit devenir une priorité. En prenant plaisir à pratiquer la relaxation profonde et régulière, nous donnons à notre esprit, à nos émotions et à notre corps la chance de se détendre et de se régénérer. *Voir le chapitre 3 (page 27)* pour des conseils sur les techniques et les aides appropriées ainsi que la façon d'apprendre à relaxer,

Établissez les limites à l'intérieur desquelles vous avez besoin de travailler afin de rester productif et inspiré, tout en vous protégeant des demandes qui accumuleraient une charge excessive de stress sur vos épaules. À cet égard, voyez les techniques décrites au chapitre 3, plus spécialement les méthodes pratiques pour décompresser à la maison et au travail, décrites aux pages 39 à 43. Une fois que vous aurez pris goût aux effets libérateurs de l'art de déléguer efficacement, vous ne voudrez plus faire autrement.

Un programme d'exercices réguliers, appropriés et plaisants à pratiquer est un facteur essentiel pour atteindre le maximum d'équilibre et d'harmonie à tous les niveaux — psychique, émotionnel et physique — tout en étant un appui inestimable au bon fonctionnement du système immunitaire.

Le stress et l'anxiété peuvent se traiter en douceur par la pratique du yoga et du taï chi, alors que les exercices plus vigoureux comme courir ou nager nous permettent de décompresser à la fin d'une dure journée.

Suppléments essentiels

Le schizandra est reconnu pour posséder des propriétés *adaptogènes* semblables à celles du ginseng. En conséquence, il peut jouer un rôle essentiel quand l'organisme fait face à une charge excessive et inhabituelle de stress. Il semble favoriser une plus grande absorption d'oxygène par les cellules du corps, tout en ayant des propriétés qui maximisent le degré de concentration. De plus, le schizandra paraît avoir un effet bénéfique sur l'humeur, de sorte que les problèmes d'irritabilité et d'anxiété qui caractérisent si souvent l'épuisement tendent à diminuer. La dose quotidienne recommandée, prise sous forme de capsules, pour la durée d'un traitement est de 250 à 500 mg.

Dans vos efforts pour prévenir les symptômes d'épuisement, souvenez-vous que les vitamines du complexe B ont un rôle essentiel à jouer auprès du système immunitaire dans les périodes de stress prolongé. Pour augmenter votre consommation d'aliments riches en vitamines B, optez pour le pain complet, les grains entiers, les fruits de mer, les œufs, les légumes verts et feuillus et l'extrait de levure.

Les plantes à notre secours

Chaque fois que vous avez besoin d'une petite poussée d'énergie psychique, émotionnelle et physique, faites une infusion d'une plante qui équilibre l'énergie et ajoutez-la à l'eau chaude de votre baignoire. Pour préparer une infusion corsée, ajoutez trois généreuses poignées de feuilles de menthe séchées ou de lavande à une casserole d'eau froide, grandeur moyenne, et laissez infuser toute la nuit, puis portez à ébullition le lendemain. Quand l'eau bout, enlevez la casserole du feu et passez le liquide clair. Laissez l'infusion refroidir avant de décanter le contenu dans un contenant en verre propre scellé avec un couvercle étanche approprié. Quand vous vous sentez tendu, stressé et épuisé, ajoutez une bonne quantité de cette infusion à l'eau de votre bain. Tout ce dont vous avez besoin alors est de vous étendre, de vous relaxer et d'inhaler profondément. Si vous n'avez jamais utilisé les herbes fraîches pour aromatiser votre bain auparavant, n'en mettez qu'une petite quantité pour commencer.

Lorsque vous avez subi une trop forte pression durant un trop long moment, une teinture d'avoine sauvage peut faire beaucoup pour rééquilibrer vos niveaux d'énergie. Cette plante peut aussi vous aider à restaurer votre vitalité si vous êtes au bout du rouleau après avoir souffert d'une maladie virale grave. Prenez-en de huit à dix gouttes par jour dans un verre d'eau jusqu'à ce que vous retrouviez votre énergie.

Remèdes homéopathiques

Les problèmes digestifs qui accompagnent l'épuisement — flatulences, gonflements, acidité et indigestion persistante — peuvent être traités à l'aide de quelques doses de soufre végétal. Ce remède est aussi approprié pour dissiper la perte de confiance en soi et l'anxiété reliées à un excès de stress négatif.

Se lancer dans un programme d'entraînement physique sans une préparation appropriée peut conduire à l'épuisement : le corps est endolori, le sujet est incapable de se reposer et il est accablé par une sensation d'extrême fatigue. Ces symptômes peuvent être soulagés très rapidement avec une dose d'arnica.

Les individus qui deviennent anxieux et épuisés à force de viser des standards de performance astreignants et trop élevés devraient songer à prendre quelques doses d'anhydride arsénieux. Ce remède est indiqué pour les cas typiques et évidents de fatigue physique et mentale extrême, accompagnée, quand le sujet est au bout du rouleau, d'une tendance à l'obsession concernant l'exercice, la peur irrationnelle des maladies et les phobies de propreté excessive, par exemple.

Un court traitement de noix vomique est conseillé aux personnes extrêmement ambitieuses et compétitives, qui veulent toujours en faire plus, qui sont dépendantes de stimulants de toutes sortes et qui sont incapables de se détendre sans recourir à l'alcool ou à une quelconque panacée chimique. Leur consommation de café et d'alcool augmente sous la pression et elles sont portées à dépendre de cette sensation d'euphorie typique aux coureurs, tout comme elles sont dépendantes de la compétition, de l'exercice et du sport en général.

À droite : LORSQUE NOUS SOMMES STRESSÉS ET QUE NOUS AVONS L'IMPRESSION DE N'AVOIR PLUS DE RECOURS, RESPIRER UNE BOUFFÉE D'AIR PUR EST UNE FAÇON SIMPLE DE NOUS ÉCLAIRCIR LES IDÉES.

Lectures recommandées

ANDERSON, Sandra, et Rolf SOVIK, *Yoga : maîtriser les postures de base,* Les Éditions de l'Homme, 2002.

BENSON, Dr Herbert, *Réagir par la détente : comment résister aux agressions extérieures,* Tchou, 1976.

BENSON, Dr Herbert, *Beyond the Relaxation Response,* Collins, 1985.

BONSTEEL, Dr Alan, *Être jeune et le rester : plus d'énergie, moins de stress, une meilleure vie sexuelle,* Les Éditions de l'Homme, 2002.

BRADSHAW, John, *S'affranchir de la honte,* Le Jour, éditeur, 1993.

CADRIN PETIT, Thérèse, et Lucie DUMOULIN, *Le corps heureux : manuel d'entretien,* Les Éditions de l'Homme, 2000.

CADRIN PETIT, Thérèse, et Lucie DUMOULIN, *En deux temps trois mouvements : le corps heureux. Les gestes quotidiens pour garder la forme,* Les Éditions de l'Homme, 2003.

DESAULNIERS, Louise, et Louise LAMBERT-LAGACÉ, *Le végétarisme à temps partiel : le plaisir de mieux manger sans viande,* Les Éditions de l'Homme, 2001.

KENTON, Leslie, *10 jours pour se régénérer : un programme complet de détoxication et de vitalité,* Trois Fontaines (Coll. Pratique santé) 1993.

LABONTÉ, Marie-Lise, *Mouvements d'antigymnastique : naître à son corps, naître à soi-même,* Les Éditions de l'Homme, 2001.

LABONTÉ, Marie-Lise, *Au cœur de notre corps : se libérer de nos cuirasses,* Les Éditions de l'Homme, 2000.

MacEOIN, Beth. *Renforcez votre immunité : un guide essentiel pour fortifier votre santé,* Trécarré 2002.

MORIN, Charles M., *Vaincre les ennemis du sommeil,* Les Éditions de l'Homme, 1997.

PFEIFFER, Vera, *Comment gérer son stress,* Marabout, 2001.

ROLLOT, Florence, *Le grand méchant stress : quelle vie voulez-vous vivre ?,* Les Éditions de l'Homme, 2003.

SCHNEIDER, Anny, *Plantes sauvages médicinales : les reconnaître, les cueillir, les utiliser,* Les Éditions de l'Homme, 1999.

SELBY, Anna, *H2O : les bienfaits de l'eau. Hydrothérapie, cures et autres plaisirs,* Les Éditions de l'Homme, 2001.

SELBY, Anna, *Retrouvez la forme,* Flammarion, 2001.

SELBY, Anna, et Alan HERDMAN, *Découvrez la méthode Pilates : exercices pour tonifier tous les muscles du corps,* Les Éditions de l'Homme, 2002.

Index

A

Accidents, 18
Aconit, 104, 120
Adrénaline, 19, 20, 56, 73, 112
Agression, 28
Ail, 119-120
Alcool, 12, 15, 23, 57, 62-63, 62, 67, 109, 110, 113-114, 116-119, 121, 122, 51, 76, 99-101, 99, 100; 103,107
Alimentation
  et anxiété, 101, 103,
  et infections récurrentes, 119
  et maux de tête nerveux (causés par la tension), 110
  et syndrome du côlon irritable, 116-117
  voir aussi aliments, nutrition
Aliments santé, 15
Allergies, 57
Aloès, 117
Anémone pulsatille, 109
Angine, 89
Anhydride arsénieux (arsenicum album), 104, 109, 116, 122
Anxiété, 18, 19, 22-25, 28, 33, 34, 38, 41, 47, 51, 76, 99-101, 99, 100, 103, 107, 113, 121, 122
  traitement naturel, 99-104
Arg nit, 118
Arnica, 122
Aromathérapie, 15, 25, 41, 91-92, 92, 99, 013, 108, 110, 114, 117, 120

Arthrite rhumatoïde, 23
Assurance, 48
Avoine fourrage, 114

B

Bain, 15, 15, 91, 96, 108, 122
Benson, Dr Herbert
  Beyond the Relaxation Response, 21
  Réagir par la détente, 21, 28
Biofeedback, 29, 33
Boissons
  qui aggravent le stress, 57
  qui diminuent le stress, 56
Bouche sèche, 17, 100
Bouffe compensatoire, 12, 13, 23, 23
Bougies, 34, 34, 44, 96
Brossage de la peau sèche, 88-89, 89
Brûlures d'estomac, 22, 116, 117
Bryonia, 111

C

Café, 12, 25, 55, 57, 65, 101, 109, 116, 117, 118, 121, 122
Caféine, 23, 55, 61, 101, 109, 110, 116
Calcium, 29-70
Calme, 24, 26-53, 121
  affronter ses démons, 47-51
  détente à la maison, 43-46
  détente au travail, 39-41
  neutraliser le stress, 28-38
  relations intimes, 52-53
Cancer, 71
Cellulite, 88
Chambre, 28, 113
Chandelier de bain, 96, 117, 118, 121, 122
Chiropraxie 110
Chocolat, 12, 23, 55, 57, 65, 101, 121
Cigarettes, voir fumer
Clignement des yeux, 42
Codéine, 63, 209
Colas, 101, 117
Colère, 47-48, 47
Concentration, 13, 21, 22, 34, 57, 64, 65, 71, 78, 105, 113, 121
Condition thyroïdienne, 113
Conditions inflammatoires, 23
Confiance, 15, 80
  en soi, 51, 122
  manque, 22, 79, 121
Constipation, 22, 56, 116, 117, 118, 121
Contrôle, 15, 24, 33
Cortisol, 19, 71
Couleurs, 46
Crampes douloureuses, 100, 116
Culpabilité, 31, 47, 48-50, 81

D

Déclencheurs de stress, 11, 18
  interpersonnels, 24
  professionnels, 24
Déménagement, 11, 19
Dépression, 22-25, 43, 62, 68, 71, 79, 104-109.113, 121; postnatale, 28
  traitement naturel, 104-109
Déshydratation, 56, 61, 109, 111, 117, 120
Deuil, 18, 105, 113
Diabète, 60, 64
Diarrhée, 22, 60, 68, 100, 116-119, 121
Digestion, 19, 20, 23, 57, 58, 114, 116-118, 121
Dopamine, 56, 10
Douleurs dues au rhume, 120
Drogues, 23, 25, 63, 71, 100, 103

E

Échéances, 11, 18, 20, 27, 39, 40
Échinacée, 120
Éclairage, 43-44, 95, 96, 110
Eczéma, 23, 25, 89
Édulcorants, 60
Endorphines, 75
Énergie
  et consommation de caféine, 23
  et méditation, 34
  faibles niveaux, 29, 52, 58, 59
  l'aide apportée par les plantes, 122
  nerveuse, 20
  positive, 37
  qui s'adapte, 19
  se sentir plein d'énergie, 25, 17, 20
Enthousiasme, 15
Épuisement, 19, 64, 112; traitement naturel, 121-122
Équilibre
  l'atteindre, 21-22; optimal, 15, 18, 20, 25
  voir aussi homéostasie
Essences de fleurs, 103
Exercice, 21, 24, 72-81, 122
  bienfaits de l'exercice régulier, 73-74, 73
  combinés, 75-80
  élevant l'esprit, 74-75
  et les infections récurrentes, 118-119
  intégrés à la vie, 81

F

Fatigue, 19, 22, 23, 55, 57, 65, 66, 105, 113, 119, 121
  extrême, 19, 109, 122
Flatulences, 117, 118
Fleurs, 34, 34
Fluide lymphatique, 84, 88, 89
Fréquence cardiaque, 19, 20, 21, 28, 29, 30, 33
Fumer, 23, 57, 62, 63, 67, 117, 118, 119

G

Gaz, 118
Ginseng, 71, 71, 107, 122
Gonflements abdominaux, 116, 117, 118
Grossesse, 11, 18, 20, 105, 117

H

Habitudes alimentaires, 24
Haussement d'épaules, 42
Homéopathie, 25, 99, 100, 104, 108-109, 111, 114, 116-117, 118, 120, 121, 122

Homéostasie, 18, 20, 25; voir aussi équilibre, optimal
Hormones du stress, 19, 73
Huiles essentielles, 41, 41, 44, 46, 46, 53, 91-92, 92, 96, 103-104, 117, 120
Hydrothérapie, 88-91, 91
Hypertension, 19, 20, 21, 33, 34, 66, 70, 71, 83
Hyperventilation, voir respiration, rapide, superficielle
Hypnothérapie, 25
Hypoglycémie, 64

I

Ignatia, 116
Impuissance, 15, 17
Indécision, 15, 22
Indigestion, 19, 22, 116, 117, 118, 121
Infections, 22, 29, 58, 67, 112, 113, 121
  traitement naturel, 118-120
Infusions, 15, 56, 57, 58, 59, 61, 95, 96, 101, 103, 111, 114, 117, 118, 122
Intérêt 34, 34, 121

J

Jacobson, D^r, 33
Jasmin jaune (gelsemium), 104, 120
Journée infernale, 12-13, 15

K

Kava, 70-71, 103
Kavalactones, 70-71

L

Lachesis, 115
Lavande, 38, 44, 110, 120, 120, 122
Libido, perte de 22, 52, 105, 109
Licenciement, 18, 105
Lycopodium, 118, 122

M

Magnésium, 70
Maladies reliées au stress, 17
Maladies de la peau, 22, 56
Maladies cardiaques, 83, 89
Massage, 25, 25, 83-87, 110, 114, 121
Maux de dos, 83
Maux de tête, 12, 13, 19, 22, 23, 25, 33, 38, 56, 57, 58, 61, 63, 64, 75, 74, 79, 83, 104, 116, 120
  légers, 23, 28, 37, 38, 57, 100, 101, 111
  traitement naturel, 109-111
Médecine chinoise, 25, 104, 121
douce, 24

Méditation, 21, *21*, 29, 33-34, *34*, 36, 80, 113
Mémoire défaillante, 113
Ménopause, 69, 70, 105, 113
Migraines, 19, 23, 25, 83
Millepertuis, 108
Motivation, manque 105, 121
Muscles
augmentation du volume de sang, 19, 20
douleurs, 19, 23
faiblesse, 121
raideurs 121
relaxation, 20, 33, *33*, 36
tension, 22, *22*, 33, 34, 38, 73-74, 79, 83, 109, 110, 114
tremblements, 100
Musique, 13, 15, 43, 113

N
Natrum mur, 108, 120
Nausée, 17, 19, 57, 61, 117, 118, *118*
Neurotransmetteurs, 71
Noradrénaline, 69
Noix vomique, 116, 118, 122
Nouvelle excitante, 18
Nutrition, 21, 54-71
alimentation antistress, 58
aliments et boissons qui augmentent le stress, 57
aliments et boissons qui réduisent le stress, 56
aliments préparés, 66
menus sans stress, 58-59
suppléments nutritifs essentiels, 67-71

O
Odeurs, 44, 46
Oliban, 92
Ondes alpha, 29, 33
Organisation du temps, 13, *13*, 15, 24
Orme rouge, 118
Ostéopathie, 110
Ostéporose, 62, 69
Oxygène, 29

P
Palpitations, 22, 64, 100, 104, 105
Panique, 22, 64, 99
Paracétamol, 63
Parler en public, 11, 50
Paumes sur les yeux, 38, *42*
Perte d'appétit, 22, 105, 116, 121
Peur, 15, 50-51, *50*
Plan détente, 24, 25
à la maison, 43-44, 46

Plan nutritionnel, 24, 25, 54-71
Plantes, 25, 99, 100, 108, 111, 114, 118, 120, 121, 122
Priorités, 24-25
Problèmes de stress à long terme, 25
Problèmes de sinus, 110, 120
Psoriasis, 23, 25, 89

Q
Qi gong, 74, 78-79, *78*, 80, 103

R
Réaction au stress, 12, 18-19; réaction de la lutte ou la fuite, 19, 20, 28, 73, 112
Reconnaître les symptômes du stress, 22, 23
effets physiques à long terme, 23
Rééquilibre, 24, 25
Réflexologie, 25, 121
Relations
intimes, 52-53
ruptures, 11, 52, 105
Relaxation
aspects pratiques, 29-30
consciente, 29, 30, *30*, 33
guidée, 37
l'atteindre, 21
mentale et physique, 19
musculaire, 20, 33, *33*, 36
profonde, *21*, 29, 30, 11
techniques, 29, 51, 121
Relaxation guidée, 37, 113
musculaire progressive, 29, 33
Renforcer, 28, 33
Réponse de la détente, *18*, 27-28, 29
Rescue Remedy, 103, *103*
Résistance, 12, 19
Respiration, 20, 21, 29
du diaphragme, 100-101
nasale alternée, 42
rapide et superficielle (hyperventilation), 17, 19, 22, 28, 80, 100, 105
régulation, 34, 75, 114
régulière et profonde, 38, 78
retenir, 38
rythme, 30, 33, 34, 37
Ressentiment, 47
Rhumes, 22, 23, 62, 113, 118, 120
Rotations du cou, 42

S
Salle de bains, 43, 43, 93, 96
Sautes d'humeur, 22, 29, 57, 60, 62, 65, 105, 116, 121, 122
Schizandra, 122

Schultz, D^r, 30
Secours par les plantes, *voir* plantes
Sécurité, 28
Se dorloter, 24, 25 *Voir aussi* soins du corps
Selye, Hans, 18
Sens de l'humour, 24, 53
Sensation de picotements, 23, 100
Sépia, 109
Se régénérer, 24, 25
Se calmer, *27*
Sérotonine, 60, 71
Sodium, 70
Soins du corps,
aromathérapie, 91-92, *92*
hydrothérapie, 88-91, *91*
massage, 83-87
un spa à la maison, 95-96
Sommeil, 1, 22, *28*, 29, 57, 62, 70, 100, 105, 109, 110, 112-114, *112*, 116, 119
Soufre, 111
Sourire, 38
Spontanéité, 15
Stress négatif, *11*, 15, 47, 64, 99
apprivoiser, 12-13, *13*
au travail, 39, 40
et aliments, 55, 62, 67, 69
et culpabilité, 81
et insomnie, 112
et vitamines, 107
signes et symptômes 17, 22-23
Stress positif, 11, *12*, 15, 22
Sucre, 23, 57, 60, 61, 64, 65, 66, 101, 118, 119, 121
Syndrome d'adaptation générale (SAG), 8
Syndrome des édifice malsains, 24, 41
Syndrome du côlon irritable, 19, 23, 25, 33, 83
traitement naturel, 116-18
Syndrome prémenstruel, 113
Système immunitaire, 23, 41, 52, 57, 71, 79, 83, 112, 117-121
Système limbique, 71
Système nerveux autonome, 19, 20
Système nerveux parasympathique, 20, 21, 29
Système nerveux sympathique, 20, 28, 29

T
Taï chi, 74, 80, *80*, 103, 114, 122
Taux de lactate sanguin, 29

Taux de sucre dans le sang, 19, 55, *55*, 64–65, 103, 111
Technique Alexander, 79-80, 110
Température du corps, 21
Tension, 19, 20, *25*, 27, 36, 38, 76, 118, 122
artérielle, 19, 20, 21, 33, 34, 66, 70, 71, 83
musculaire, 22, 22, 33, 34, 38, 42, 73-74, 79, 83, 109, 110, 114
Test des yeux, 109
Thérapeute crânio-sacral, 121
Thérapie cognitive, 51, 121
Tomber amoureux, 11
Training autogène, 29, 30
Travail
déclencheurs de stress professionnel, *24*
nouvel emploi, 11
se détendre, 39-42
Tryptophane, 56, 103

U
Ulcères d'estomac, 23, 25
Ulcères variqueux, 89

V
Veines variqueuses, 89
Vertiges, 23, 99, 111
Visualisation créatrice, 29, 36, 51
Vitamines, 56, 62, 67-69, *67*, 70, 103, 107, 119, 120, 122

X
Xénoestrogènes, 66

Y
Yoga, 21, *34*, 74, 75-76, *76*, 100, 103, 114, 119, 122

Z
Zone de confort, 24

Photos

Hugh Arnold 90

Gracieuseté de Bach Flower Remedies 103

© **Carlton Books Ltd** 90, 84, 119, 120 / Graham Atkins-
Hughes : 8, 14, 35, 39, 41, 45, 54, 56hg, 58, 61, 85, 94,
96, 110, 127 / Jason Bell : 86, 87, 88 / John Davis : 87 /
Catherine Gratwicke : 115 / Alistair Morrison : 34, 75 /
Lizzie Orme : 43, 91 / Photodisc Carlton : 32, 64 / Polly
Wreford : 28, 57hd, 57bg, 60, 62, 68hd, 92hg, 92bg,
93, 97, 114, 118

Sean Cook / Marie Claire Health and Beauty / IPC
Syndication 80

Flowerphotos 108

Foodpix 69

FPG 21, 26, 36, 42, 56hd, 69

Donna Francesca 82

Getty Images Stone 3, 4–5, 6, 11, 12, 16, 23bd, 25, 31,
38, 44, 46bd, 49, 56bg, 56bd, 59bd, 63, 66, 67c, 67bc,
68bd, 71, 72, 76–77, 78bg, 78–79, 81, 98, 100, 101,
102, 105, 106, 107, 109, 112, 117, 124

Imagebank 13, 18, 22, 23hd, 47, 50, 57hg, 57bd, 65, 74,
123

PA photos 27

Pictor 10

Achevé d'imprimer au Canada
en mars 2003
sur les presses de l'imprimerie Interglobe Inc.